中部銀次郎 ゴルフの要諦

本條 強

日経ビジネス人文庫

「ゴルフも人生も、あるがままです」

中部銀次郎

はじめに

ゴルフを愛するすべての人に捧げるゴルフの精神と上達の要諦

中部さんは59年の生涯をアマチュアゴルファーとして送りました。プロをも凌ぐ日本一のゴルファーになろうと精進し、日本アマ6勝という前人未踏の記録を打ち立てました。

子供の頃に体が弱かったことから父、利三郎氏の勧めよってゴルフを始めましたが、父からの教えは単にゴルフが上手くなるためのことだけでなく、それ以上にゴルフとはどういったスポーツなのか、人として最も大切なことは何かといったことを学ぶことでした。

中部さんはその父からの最初の教え、「ゴルフプリンシプル」を心の中に刻み込み、ゴルフ精神を磨きながら上達していきました。本書『中部銀次郎　ゴルフの要諦』

は中部さんがゴルフを始めた頃から日本アマを手中に収めた学生時代、さらにはオープン競技でプロをも破る優勝を成し遂げたとき、さらには競技生活を退き、亡くなるまでに会得した多くのゴルフに関する要諦を書き記したものです。

中部さんの人生と共に、彼が学んだゴルフの要諦を辿っていける内容になっています。中部さんの本は数多く出版されていますが、子供の頃、学生時代など若い頃の中部さんを記したものはほとんどありません。中部さんのことを敬われていらっしゃる方にとっては、新たな中部像を知ることになるのではないかと思います。

本書は筆者が2010年に書いた『中部銀次郎のゴルフプリンシプル』が底本となっていますが、新しく出版するにあたり、要諦をまとめると共に、加筆修正を施しています。どうか最後までお読みいただき、中部さんのゴルフ人生をご自身のゴルフ人生に照らし合わせて楽しんでいただければ幸いです。

2019年6月

本條　強

[目　次]

第3章 2回戦ボーイから日本アマ初優勝へ

第6章 社会人東京時代 現役復帰と日本アマの優勝、そして……

要諦集

❶「どんなに惨めなショットを打っても
胸を張って堂々と早足で歩く」

❷「ゴルフでも仕事でも、人生はすべてのことを
あるがままに受け入れなければならない」

❸「ゴルフでは審判は自分自身であるからして、
常に尊厳を持ってプレーしなければならない」

❹「ナイスショットの数を増やすことよりも
ミスショットの数を減らすこと」

❺「打ちやすいクラブでも簡単であるとは限らない。
クラブの形状や機能を知り、使いこなすこと」

❻「上手く打とうと思ったら
スイングのメカニズムを学ぶことだ」

❼「きちんとしたマナーを身につければ、プレーも自ずときちんとなり、スコアもよくなる」

❽「表と裏のある人間にはなりたくない。いつも正直に生きて行きたい」

❾「日本一になるなら、過酷な環境に自らを置き、厳しい練習を己に課さなくてはいけない」

❿「スイングを研究し、スイング論を戦わして己の技に磨きをかける」

⓫「飛距離のことよりも球質や球筋、コース攻略にこだわる」

⓬「毎日100回の素振りを半年間行えば、誰でもシングルになれる」

⓭「頭を壁につけて腕を振る『壁スイング』をいつでもどこでもやろう」

⓮「ゴルフは相対評価ではなく、絶対評価を下すべきものである」

⑮「クラブは長い間練習を積んできたからこそ信頼感を得られるものである」

⑯「風に負けない球となるように低めの強い弾道でピンを一直線に狙った」

⑰「緊張したときに開き直ることができるか。恥ずかしいことを敢えて行い、羞恥心を排除する」

⑱「ゴルフは足腰を強くすることが肝心。毎朝、5km のランニングを自分に課した」

⑲「グリップはスイングの心臓。スクエアグリップなら狙いを正しく定められる」

⑳「スクエアグリップ、スクエアアドレス。正しいスイングプレーンをものにする」

㉑「トップが気持ちよく収まっていれば、自然によいショットが打てる」

㉒「スイングは僅かな誤差でもミスに繋がる。それほど微妙なものなのだ」

㉓「100ヤード以内はピンを狙い、
そこから最低でも2打で上がる」

㉔「アプローチとパットは、子供のように
何も考えず、無邪気にカップを狙う」

㉕「プレー中は、余計なことは
言わない、しない、考えない」

㉖「ゴルフは恐しい。
何が起こるか、一寸先は闇だ」

㉗「不安が少しでもあれば試合でそれが出る。
練習を積み、不安を解消しておくしかない」

㉘「ゴルフは想定外の出来事が起こる。
常に覚悟し、慌てることなく対処する」

㉙「上には上がいる。自分を見つめ、
階段を一つずつ上っていくしかないのだ」

㉚「いくら偉大でも、健康でなければゴルフはできない。
スコアよりも大切なことは健康な体でいることだ」

㉛「地面に線を引き、ひたすらそれを打つ。線から先の土が取れればよいスイング」

㉜「ストロークプレーはギャンブル厳禁。林に入れたら、潔く横に出すだけ」

㉝「相手がミスをしたときに自分もミスをする。ミスにつきあっては勝つことはできない」

㉞「いくらよいショットを放っても　ショートパットを外しては勝てない」

㉟「相手はピンチから起死回生のショットを放ち、グリーンのどこからでも一発で入れてくるものと思え」

㊱「パーは2オン2パットだけじゃない。3オン1パットも4オン0パットでもパーである」

㊲「戦う相手は眼前の敵でなくもうひとりの自分。コースというパーおじさんを相手に戦うのだ」

㊳「ゴルフはマラソンと一緒の長丁場。最後まで粘り、決して諦めてはいけない」

㊴「ドライバーショットで相手を圧倒できれば
勝負は楽に展開できる」

㊵「球質やスピンがわかるようになって
ワンランク上のレベルになれる」

㊶「相手は自分とコース。
『オールドマンパー』を相手に戦えばよい」

㊷「ゴルフは孤独なスポーツ。誰も助けてはくれない。
歯を食いしばって不安と戦い続けなくてはならない」

㊸「飛ばし屋ではない自分が飛ばそうとした。
そこに大きな落とし穴があった」

㊹「焦りがミスを生み、ミスは体を硬直させる。
硬直すればまたミスが生まれ出る」

㊺「ゴルフは理不尽なスポーツ。
努力が実るとは限らないが、努力を惜しんではいけない」

㊻「初めはゆったりじっくりとプレーし、
終盤になってから一気に攻めて勝負をつける」

47 「相手が反撃してきても慌てない。自分のゴルフを全うすればそれでよい」

48 「パットは自分からボールを打たない。体のどこにも力を入れず、自然に打つだけ」

49 「どんなショットを打っても言い訳せずにプレーせよ」

50 「どんな邪魔が入っても、ミスしたら自分が悪い。ミスの責任は一切自分にある」

51 「先制攻撃で相手のやる気を削ぐか、相手にぴたりとついて終盤に崩れさすか」

52 「飛ばし始めは、崩れ始め。好調のときほど、不調の影が忍び込む」

53 「スコアには執着しないがプレーには執着する。勝負どころを見極め、勇気を持って勝負する」

54 「周囲の甘い言葉に乗らず、自分の実力はいつでも自分自身が厳しく見極める」

55 「2番アイアンをクリーンに打つために
アスファルトの道上からボールを打った」

56 「僅かの油断が取り返しのつかないことになる。
一度流れを悪くしたらなかなかよくならない」

57 「いくらアマチュアとして優れていても
プロとの差を痛感し、切磋琢磨していかなければならない」

58 「ティグラウンドからグリーンではなく、
グリーンからティまでのプレーを逆算して考える」

59 「『窮屈』を感じたら取り除いてからプレーする。
大叩きの『ポカ』は『油断』せず『無理』せずで犯さない」

60 「自分の長所を伸ばし、弱点を克服する。
それが何かを見極めて精進するだけである」

61 「ミスショットの傷を最小限に抑えるために
敢えてミスショットの練習を行う」

62 「林やディボット、ベアグラウンドからの
リカバリー練習で勝負強さを身につけた」

㊸「いつでも正しいアドレスが作れるように要点をメモに書いてチェックする」

㊹「よいスイング、よいショットができる自分だけがわかる感覚を持つことだ」

㊺「競り合ったときは、守りのゴルフではなく、攻めのゴルフを展開すべし」

㊻「マッチプレーでの駆け引きを客観視できる余裕を持ち、笑い飛ばせるほどになっていたい」

㊼「アプローチは転がしに限る。寄る確率が最も高く、チップインもあるからだ」

㊽「常に1打でも縮めて勝ち、圧倒的な強さを見せる。それがプロ魂というもの」

㊾「完璧なゴルフに近づけられるよう自分の素質の限界まで極めたい」

㊿「練習は1本のクラブだけを選択し、そのクラブの習得に向け、猛練習を行う」

71「きびきびとプレーし、姿勢よく歩いた。自分のリズム、テンポでゴルフを行った」

72「全精力を傾けても勝てないのがゴルフ。勝つには実力+運が必要」

73「ストロークプレーよりもマッチプレーのほうが実力ははっきりと出る」

74「勝負の世界を一度離れて思い知ったゴルフの楽しさ、素晴らしさ、心のトキメキ」

75「試合感が乏しいと、思い通りに打ててもなぜか、ボギーを打ってしまう」

76「自分が隠したいことやわかりたくないことまですべてを暴き出して、根本から直さなければならない」

77「スイングリズムを同じにするということは歩くリズムと呼吸の仕方を同じにすること」

78「たかが1打、されど1打。たった1打でも実力の差は格段に違うのだ」

79「すべてのストロークは等価である。ドライバーの1打もパットの1打も」

80「確実に勝つには何をするべきか？それがわかっていて勝つかどうかが問題である」

81「次のショットが上手く打てるように目の前のショットに全力を尽くす」

82「雨の日は練習も雨に濡れながら行う。自分がどうなるかを事前に知っておくために」

83「正しくアドレスできたら、あとは何も考えない。思い切りボールを打ち抜くだけ」

84「ゴルフはパーで成立しているゲーム。パーでプレーすることにとことんこだわる」

85「シニアになり、体が硬くなってきたら、バックスイングでボールを長く見る」

86「結果を先取りしてはいけない。目の前のプレーにベストな選択をすることだ」

❽❼「引き際はその人にしかわからない。精一杯の最後の一滴を絞り出したとき」

❽❽「起こったことに鋭敏に反応してはいけない。柔らかくやりすごすことだ」

❽❾「アマチュアに現役引退はない。プレーしている間は現役」

❾⓪「ゴルフも人生もあるがままがよろしい」

第1章

少年時代

父・利三郎からのゴルフプリンシプル

父から教わったプレーの姿勢

松林の間を縫うようにして、周防灘の潮の香りが風に乗って流れてくる。

真っ青な空に真っ白な入道雲がもくもくと盛り上がり、いがぐり頭のか細い少年がその入道雲を目がけ、渾身の力を込めてゴルフクラブを振っている。しかし、そのショットは大きく右に曲がり、フェアウェイにある父のボールの遥か後方のラフに沈む。

少年の顔が歪む。父に追いつこうと強く振れば振るほどボールは大きく曲がっていく。夏のラフは草が強く、少年の体力では思い通りに飛ばすことはできない。2打目を終え、さらに父との距離の差が出る。泣きたくなるが、生来の負けず嫌いが顔を出し、必死にボールを打ち、なんとかグリーンにたどり着く。

「銀、俯《うつむ》いて歩くな。どんなショットを放っても、胸を張って堂々と歩け。それも早足でな」

小学4年生の少年・中部銀次郎は「はい」とだけ答え、すぐにパットを行った。5mのスライスラインがものの見事に入る。嬉しさをかみ殺して、カップインしたボールを拾う。ショットで置いてきぼりを食らっても、グリーンの上だけは父に負けなかった。

「銀、ナイスパーだ」

そう言って微笑んだ父の顔が銀次郎は好きだった。その顔が見たくてよいプレーをしようと心に誓うのである。

1901年（明治34年）生まれの父・中部利三郎は日新丸の団長として捕鯨船団を率いて南氷洋を航海した男として知られ、大洋漁業の副社長を務めていた。真っ黒に日焼けし、海の男の匂いがした。一次郎、幸次郎に次ぐ三男坊で末っ子の銀次郎は威厳ある父が怖かったが、その匂いが好きだった。

父はゴルフが好きだった。山口県の下関に住んでいたが、近くにゴルフ場はなく、関門海峡を船で渡り、福岡県の門司ゴルフ倶楽部でプレーした。日本オープンと日本プロを制した奇才、戸田藤一郎に習い、独特のアウトサイドインのスイングで強いボールを打ち放った。倶楽部の会員として、倶楽部競技はもちろん、日本アマなど全国大会まで出場する選手だった。

そんな父は銀次郎が小学4年になったとき、初めて自分のゴルフ場・門司ゴルフ倶楽部に連れて行った。それは銀次郎に単にゴルフをさせるためではなかった。胃けいれんという持病を持つ息子を健康にするため、医者から「歩かせたらよいかもしれない」と言われたのである。

1番のティグラウンドでドライバーショットを放った父は、そのクラブを銀次郎に渡した。銀次郎はそれを杖代わりにし、父のプレーについて回った。

やがて銀次郎は自分もゴルフがしたくなった。父のクラブを借りてボールを打つも上手く当たらない。しかし、父と同じことができることが楽しかった。小学校では野球に興じていたが、体が強くないから中心選手になることはなかった。体育と算数の成績が悪く、友達も多くなかった。よって、家の門の前で2歳年上の兄・幸次郎とキャッチボールをするのが関の山だった。そんな銀次郎にとって、ゴルフは格好の遊びとなった。大人の仲間入りができる優越感と、父と接することができる満足感があった。

父は銀次郎に子供用に作り直したクラブを買い与えた。子供用といってもウッドはドライバーとスプーンがあり、アイアンは3番から9番まで揃っていた。パターも入っていた。そして、土曜と日曜はゴルフの日となった。土曜は午前中は学校があるから、午後からゴルフ場の練習場で球打ちをし、日曜は父や兄たちとのラウンドだった。

ボールを上手く飛ばせなくても、胸を張り、早足で歩き、すぐに打った。ゴルフにおける大切なプレー態度を学んだのだ。

要諦 1

「どんなに惨めなショットを打っても胸を張って堂々と早足で歩く」

ゴルフというスポーツの大原則

家は下関市の名池という高台にあった。大きな家で母屋には9つの部屋があり、サンルーフの渡り廊下で納屋と結ばれていた。銀次郎はガラス張りのその屋根を忍者のように渡ってみたくなり、そっと片足を踏み出した途端にガラスが砕けて落下したことがある。晩年こそ、慎重なゴルフをすると言われた銀次郎だが、こうした冒険心は父譲りのものであり、ゴルフにおいても元来はかなり無謀なことをする人間だった。

家の前の坂を下ると10分もかからずに唐戸の桟橋に着く。関門連絡船に乗り、20分で門司に到着。そこからバスに乗り換えて40分、瀬戸内海側の周防灘沿いにある門司ゴルフ倶楽部に到着する。南に下ると、2億年もの間姿を変えていない生きた化石、カブトガニが棲息する曽根干潟がある。

門司ゴルフ倶楽部は出光興産の創業者、出光佐三が名匠・上田治に設計させ、1934年（昭和9年）に開場した九州でも屈指の古豪ゴルフ場である。門司松ヶ江の松林がホールを分ける自然を生かした林間コースであり、上田が川奈ゴルフ場を設計したチャールズ・アリソンの弟子であるところから、深いアリソンバンカーが特徴になっている。コースは改造されることなく、75年経った今も高麗芝の2グリーン。日本のゴルフ場の原点がそこに現存している。

銀次郎は何事にも絶対である父・利三郎のスイングを、当然のことながら真似た。父は戸田藤一郎から「前に上げてグッと引け」と教わり、それを実践していたため、カット軌道のスライスが持ち球だった。これを子供が真似すれば、体力がないだけに球がつかまらず、ひどいスライスになる。それも当時はパーシモンのドライバーだから、大きく曲がってしまうバナナボールになっていた。ゴルフを始めた小学4年生の銀次郎は体が小さく細かったこともあり、ドライバーショットでさえ130ヤードしか飛ばなかった。

ある日、ラフの中に沈み込んだボールを見て、銀次郎は「なんだ」とばかりに蹴って打ちやすいところに出した。メンバーの中にはいつでもボールをリプレースする者がおり、銀次郎もそれを見ていたわけである。

しかし、ボールを蹴り出した途端に、それを見ていた父が怒鳴った。

「そんなことをするくらいなら、ゴルフなど辞めてしまえ」

いつになく恐ろしい形相でそう言ったため、銀次郎は顔が蒼白になったほどだ。アマ選手であった父はゴルフ規則の大原則を厳然と守っていた。

「ボールはあるがままにプレーせよ」

その言葉は、ゴルフはマナーから始まるというこの競技ならではのもので、ルールブックの序文の最後に書かれている一文であり、ゴルフの精神と言ってもよい。

つまり、球を動かした瞬間にゴルフはゴルフではなくなってしまうということだ。父は銀次郎に、その最も大切な精神を厳しく躾けたわけである。

ボールを真っ直ぐに打つことよりも大切なこと。よりよいスコアであがることよりも大切なこと。そのことをゴルフを始めて間もない少年・銀次郎に諭したわけである。そのときの出来事は銀次郎の心に強く刻まれ、精神の根幹にもなっていく。そのとき以来、銀次郎はルール上ボールに触ってもいいときでさえ、極力触ることをよしとしない人間になったのである。

銀次郎は後年、次のように語っている。

「ゴルフではすべてのことをあるがままに受け入れる。そうすれば覚悟を決めてショットに立ち向かうことができます。ライにおいてはディボット跡にボールがあろうと動揺せずに済む。コースにおいてもあるがままを受け入れていれば、OBや池に打ち込んでも心が挫けることはありません。同伴競技者やキャディといった人に対しても、あるがままを受け入れれば不満なくプレーができます。天気に対しても同様です。雨だから風だからと言って、心の平静を失うことはなくなります。すべてをあるがままに受け入れることです」

銀次郎は死ぬときまで同じことを繰り返した。なぜならこの信念はゴルフだけではなく、仕事や人生にも通ずるものだったからである。

要諦 2 「ゴルフでも仕事でも、人生はすべてのことをあるがままに受け入れなければならない」

ゴルフの本質、「ゴルフィング」

ゴルフを始めた頃に、もう一つ、これもゴルフと人生に関わる大きな出来事があった。それは門司ゴルフ倶楽部の名物ホールの一つでもある6番ホールで起きた。アリソンバンカーに囲まれた難易度の高いホールだが、銀次郎は2打目で果敢にグリーンを狙った。しかし、ここでもまたスライスボールを打ってしまい、グリーン右側の大きなマウンドに打ち込んだ。ボールは長く伸びたラフの中に沈んでいた。

サンドウェッジを持っていない銀次郎は9番アイアンでアプローチをしたが、ボールは草の中でピクリとも動かない。空振りである。しかし、素振りに見えたのではないかと少年は甘い期待を抱いた。ホールアウト後、本当はダブルボギーのところ、銀次郎はボギーと申告したのだ。

当然ながら、父の目は誤魔化せない。このときは球を蹴ったとき以上に怒られた。スコアを誤魔化すことはゴルファー以前の問題、人間失格だとまで言われたのだ。銀次郎のクラブは取り上げられ、謹慎の身となった。

　ルールブックのプロローグ「ゴルフの規則の本質と精神について」の中に次のように書かれている。

「数あるスポーツの中でゴルフ競技の大きな特徴の一つは，通常，審判員が立ち会わないということです。それは，ゴルフがフェアプレーを重んじるスポーツであって，ゴルファーはみな誠実であり，故意に不正を犯す者はいないということが基本的な考え方になっているからです」

　野球でもサッカーでも審判がいる。ゆえに得てして審判が見ていなければ何をしてもいいという風潮があるが、ゴルフは審判がいないのであるから、プレーヤー自らがルールを守らなければゲームが成り立たなくなってしまう。ゴルフではプレーヤー自らが審判なのである。だからこそ、ゴルフは尊いスポーツといえるのだ。

　ラウンド後、父から怒りの真意を聞かされた銀次郎は、少年ながらもゴルフというスポーツの尊さを思い知った。単に球を打つというスポーツがこれほど自分を律しなければ成立しないということを。

「父からは技術を教えてもらったことは何もありません。真似たことで、かえって悪い癖が身についたくらいでした。しかし、父からはそれ以上にとても大切なことを教わりました。それは常々父が言っていた『ゴルフィング』というものでした。『ゴルフィング』とはゴルフの本質のことです。大人になるにつれ、少年時代にそのことを厳しく教えてくれた父に感謝したものです」

「ゴルフィング」。それは、ゴルファー中部銀次郎ではなく、人間・中部銀次郎を形成する大きな精神的支柱となったのである。

要諦3 「ゴルフでは審判は自分自身であるからして、常に尊厳を持ってプレーしなければならない」

すべてのショットをチェック

ゴルフを始めた1年後の小学5年生のときに、銀次郎のハンデは22までになった。当然、始めたときには36であり、それが30になって22となった。しかし、その1年後の小学6年生のときにはたった2つしか縮まらず、ハンデ20だった。

「こんなにも面白いことがあったのか」

そう思ったゴルフというスポーツ。野球と違ってひとりで行うことが銀次郎に合っていた。人に気を遣わずに思い切ってやれる。自分自身と戦っていればよいことが、とにかく性に合っていた。唯一の味方はゴルフだけ、そんな思いも強くあったのだ。

「もっと上手くなりたい」

銀次郎が、18ホールのショットをすべてチェックし出したのもこの頃からだ。ラフに入った数やトップ、ダフリの数など、ミスショットをスコアカードに付けた。普通の少年ならばナイスショットが増えることに喜びを感じるものだろう。しかし、銀次郎はミスショットが減ることを望んだ。すでに「ゴルフはミスのゲームだ」という本質を見抜いていたのだろう。とはいっても、スコアはなかなか縮まらなかった。

その原因の一つにダイナマイト、つまりサンドウェッジを手に入れたことがある。

このクラブは、バンカーショットの苦手だったジーン・サラゼンが飛行機が着陸するときに尾翼のフラップが下がるのを見て、ソールを厚くしたバンスの付いたクラブを作ればインパクトでフェースが上を向くのではないかと発想して作られた。実際、ボールの手前をダフって打てば、砂と一緒に簡単にバンカーから脱出できた。砂が爆発するように見えたところからダイナマイトという名前がついたのだ。1931年のことで、サラゼンはこのダイナマイトによって翌'32年の全米オープンと全英オープンに優勝してしまうのである。

もちろん、そのことは世界中のゴルファーの話題となり、日本にもダイナマイトが輸入され、使用する人が出てきた。それを見て、銀次郎もダイナマイトを手に入れたのだが、意に反してボールは上手く出なかった。

「ニブリックより出ないじゃないか」

ニブリックとは9番アイアンのことである。銀次郎はバンカーショットだけでなく、アプローチはすべてニブリックで行っていた。サラゼンがダイナマイトを作るまでは、プロであろうがアマであろうが誰もがそうしていた。史上初めて年間グランドスラムを達成したボビー・ジョーンズでさえそうだったのだ。

やさしいはずのダイナマイトでミスを犯し、スコアを悪くする。

「ナイスショットはスコアに直結しないが、ミスショットはスコアに直結する」

そのことをダイナマイトを使ったことによって学んだのだ。

要諦 4
「ナイスショットの数を増やすことよりもミスショットの数を減らすこと」

やさしいクラブとは何か?

門司ゴルフ倶楽部は深いアリソンバンカーが特徴のゴルフ場である。ダイナマイトを使えばスコアは大幅に縮まるはずだ。実際、父や兄たちは簡単にボールを上げることができ、ピンが近くても寄せてしまう。

ところが不器用な銀次郎はやさしいと言われるダイナマイトを使いこなせない。ダフれば砂とともにボールが上がるはずだとわかっていながら、飛ぶのは砂だけ。ボールは深いバンカーの淵に当たって転がり落ちる。何度打ってもそうなってしまうのだ。

負けず嫌いの銀次郎はなんとしてもダイナマイトを使いこなしたい。朝から晩まで丸一日中バンカーに入って練習した。なんとしても自分ひとりで上手くなりたかった。だから誰にも習わずに黙々と練習した。会員の大人たちがラウンドから戻ってきたときにも、同じ少年がずっと練習用のバンカーにいて驚いたという。しかし、それだけのことをやっても結果は散々、傷心の面持ちで帰宅するのであった。

ゴルフバッグを玄関に置くと、長兄の一次郎のバッグがあった。慶応大学4年の一次郎はゴルフ部で活躍、やがては日本アマも制するトップアマ。小学生の銀次郎からすれば父よりも遙かに上手い雲の上の存在だった。そんな一次郎のバッグにもダイナマイトは入っていたが、銀次郎が手に取ってみると、自分のダイナマイトと違うことを発見したのだ。

ソールが削ってあったのだ。小学生の銀次郎にはクラブをいじるという発想がなかった。そこでさっそく自分のダイナマイトを兄と同じように削ってもらった。そうしたらどうだろう、気持ちよくボールが出るのである。まだまだ慣れるまでには時間がかかり、ニブリックで出すことも多かったが、次第に自信を持って使えるようになったのである。

ダイナマイトはソールにバンスが付けられたクラブだ。つまりその丸くなったふくらみで砂を打って、その砂の爆発でボールも一緒に飛ばすクラブである。砂は重いので思い切って打たなければ飛ばない。つまり、ピンまで10ヤードならば30ヤードのつもりで打たなければならないわけで、ニブリックでクリーンにボールを打っていた銀次郎にはその思い切りがなかなかできない。しかもバンスの丸みが強ければ、砂への衝撃が強くなり、パワーも必要になる。

思い切りとパワーがなければ、サンドウェッジのバンカーショットは意外と難しいのだ。非力な女性はサンドウェッジのバンカーショットを苦手とすることが多いが、それは思い切りとパワーがないから。その場合はアプローチウェッジやピッチングウェッジのほうが上手く出しやすいのだが、小学生の銀次郎も同様だったのだ。

バンカーからやさしく脱出できるはずのサンドウェッジのバンスが、非力な少年・銀次郎には砂の重さによってかえって難しくなってしまう。バンスを削ることで、砂への衝撃が減り、上手く打ててしまったのだ。それもニブリックよりもロフトがあるために、深いバンカーでも球が上がって楽に脱出できたというわけだ。

要諦5

「打ちやすいクラブでも簡単であるとは限らない。クラブの形状や機能を知り、使いこなすこと」

スライス病に苦しむ

小学6年生の銀次郎がスコアを縮められなかった原因に、スライス病が相変わらず直らなかったことがある。

「真っ直ぐなボールが打ちたい」

それこそ、どれほどそれを願って練習したことか。父だけでなく、いろいろな人から教えを請うたが効果はさっぱりだった。しかし、この思うに任せないスライスが銀次郎をゴルフにのめり込ませたといってもいい。

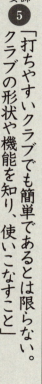

中部家の御曹司として、ピアノやヴァイオリン、トランペットなど情操教育の一環として習い事をさせられたが、すぐに飽きてしまう。「ピアノの練習に行ってきます」と家を出ても、真っ直ぐ稽古先に向かうことはなかった。

しかし、ゴルフだけは違った。面白くて仕方がなく、週末が待ちきれないくらいだった。それはなかなかボールを思うように打てない。そのことが銀次郎をゴルフの虜にさせたのだ。

スライスは一向に直らないから、ラウンドでは左を向いて打つことになる。ドライバーショットは特にスライスの度合いがひどいから、ティマークの右側ギリギリに立って、左を向いて打つ。ボールはブーメランのように右に曲がり、よくてフェアウェイ右端。もっと曲がれば右のラフ。これではなかなかスコアは縮まらない。

その頃の銀次郎は自分のスライスが父親のスイングを真似たことからの、アウトサイドインの軌道が原因であることを知らなかった。スイングのメカニズムなどわからず、左に振れば左にボールは飛ぶものだと思っていたのだ。

しかし、それではボールをこすることになり、右回転がかかってしまってシュートするボールになってしまう。そのことを銀次郎は理解していなかった。だから、右へは打ちたくないと、左に向けば向くほどカット打ちとなって、さらに大きなカーブを描いて右に曲がってしまうのだった。

「上手くなりたい」

そう思って練習に精を出していた小学生の銀次郎だったが、それと同時にゴルフを通じて学んだことも多かった。それが人としてのマナーである。先にも少し述べた、父が教えた「ゴルフィング」である。

要諦6 「上手く打とうと思ったらスイングのメカニズムを学ぶことだ」

ゴルフで学んだ人としてのマナー

銀次郎は小学校6年のときに門司ゴルフ倶楽部の会員になった。父の利三郎が銀次郎のゴルフへののめり込みを見て、入会させたのだ。小学生がメンバーになるということで少なからず倶楽部に波紋が起きたことは確かだった。それだけに父は余計に銀次郎の所作や振る舞いに厳しかった。それは銀次郎を小学6年生にして一人前の大人扱いをするということだった。

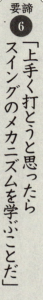

プレーは常に迅速にキビキビと行わなければならない。ミスショットして憮然とする銀次郎の態度は許されなかった。一緒に回る人に気持ちのよいプレーをすると思われるゴルファーにならなければならなかった。打つ人の邪魔をしないように立つことはもちろん、人のパッティングラインを踏まないことや、大声で話したり笑ったりといったことも慎むように諭された。

バンカーを均《なら》すことやディボット跡に目土をすること、グリーンについたボールマークも自分で直した。グリーン上でスパイクを引きずるといったことも絶対に犯してはならないことだった。コースを大切にする心も、父から教えられたのだった。

また、父は服装の乱れも許さなかった。胸のボタンは上まできちんと締めなければならなかったし、ズボンの折り目はしっかりと入っていなければならなかった。帽子は真っ直ぐ深く被り、シューズは常に綺麗に拭かれていなければならなかった。

銀次郎は人としてのマナーを父から厳しく躾けられた。そのことが世界代表の選手となり、欧米の名門コースに行ったときにどれほど役に立ったかを思い知るのだ。そして、マナーはゴルフのプレーにも大きな影響を与えると銀次郎は固く信ずることになる。

「きちんとした服装で、きちんとしたマナーを身につければ、プレーも自ずときちんとするようになります。逆にいい加減なゴルフをすると、気持ちが悪くなります。気持ちよくプレーしたいと思うなら、人の迷惑にならないマナーを身につける必要があります。これはナイスショットを打ったり、スコアをよくすることよりも大切なことです。それを父から学びました」

実際、きちんとしたマナーを身につけることが、ゴルフの質をよくし、強いてはナイスショットの確率を上げ、好スコアに繋がっていくのである。

父は銀次郎に紛らわしいプレーも慎むように諭した。たとえば素振りが空振りに見えるような行為である。最近ではボールのすぐ近くで打つ方向に素振りをする人がほとんどだ

が、銀次郎はそれを絶対に行わないように心掛けていた。素振りをするときは、ボールから離れて立ち、打つ方向とはまったく別の方向にクラブを振ったのである。

「『今のは空振りではないのか？』と指摘されたときに、返答ができなければ困るでしょう。ならば最初からそういった素振りはするべきではないのです」

それは空振りをして素振りを誤魔化そうとした、幼い頃の自分の行為を戒めることでもあった。

「ボールの近くで素振りをしたら、万が一、ボールが動くことだってあるでしょう。だからボールのそばで素振りはしないことです」

銀次郎は後年、アドレスするときにもボールが動かないかを常に注意していた。だからボールがラフにあるときは決してソールをつけることはなかった。こうしたことも小学生時代に身につけたマナーのお蔭だった。

マナーの徹底はルールにも精通することを余儀なくした。ルールがわかっていなければ、知らないうちにルール違反をしている可能性がある。ルールに精通することはゴルフをする人間として最低限のマナーでもあると銀次郎は思ったのである。

こうして、銀次郎は小学生でありながら、普通の大人よりもしっかりとした一人前のゴルファーになっていったのである。

要諦7

「きちんとしたマナーを身につければ、プレーも自ずときちんとなり、スコアもよくなる」

大人の裏表を知り、人間不信に

ある日、銀次郎にとってショックな出来事が起きた。

いつものように門司ゴルフ倶楽部で父とのラウンドを終えた銀次郎は、クラブハウスの玄関前で父が車を回してくるのを待っていた。そのとき、「おいお前、今何時か見てこい！」と知らない男から言われたのだ。いがぐり頭の少年がキャディバッグの傍らにいるので、キャディのアルバイトと勘違いしたのである。

銀次郎はなぜ自分がそんなことをしなければならないのかわからなかったが、とにかくクラブハウスに走って行って時計を見て戻り、その男に時刻を告げたのだが、そのときに父の車がやってきた。父の姿を見たその男は驚き、態度を急変させて、父に何度も頭を下げた。銀次郎には打って変わって「坊ちゃん、坊ちゃん」と愛想よく言うのである。

この出来事は小学生だった銀次郎の心に、何か重いしこりのようなものを残した。しかもそれはずっと消えることなく心の底に沈殿したのである。

「人間は地位などによって、こうも変わるものなのか……」

考えてみれば似たようなことがたくさんあったと思い当たったのである。小学生の自分に大人たちが親切だったのは、彼らが心の優しい人だからではなかったのかもしれない。名士である父・利三郎の子供だったからなのだ。「坊ちゃん」だったからなのだ。そう思うとなぜだかとても悲しくなった。やりきれない思いでいっぱいになった。

そのことがあって以来、銀次郎は大人はもちろん、友達まで信ずることができなくなっていった。友達が自分に親切にするのも、父の地位や肩書き、良家の家の子供だからかもしれないと思うようになってしまったのだ。

銀次郎は自分の殻に閉じこもるようになり、内向的でほとんど口をきかなくなってしまった。野球に興じ、無邪気にゴルフを楽しんでいた頃とは明らかに変わってしまったのだ。

ゴルフは銀次郎が唯一のめり込めるものだった。探求心が強く、凝り性の銀次郎にとって、これほど面白いものはないと思えるものだった。しかし、そのゴルフを通じて同時に垣間見てしまった大人の世界は、決して純粋なものではないことも知った。

人間が持つ表と裏。それを肌身で知ってしまった銀次郎は、人間不信に陥らざる得なかったのである。

要諦 8

「表と裏のある人間にはなりたくない。いつも正直に生きて行きたい」

島村プロの鬼気迫る練習

自宅から歩いて1分の名池小学校を卒業した銀次郎は、その小学校の隣にある山口県立明瞭中学校に入学する。中学生になってもすることは同じで、毎土曜、日曜はゴルフの日。ひたすら上手くなることを望んで練習に励んでいた。

それと同時に少しずつ体力がついてきたことから、スライスの度合いが減ってきた。ボールをつかまえて打つことができるようになってきたのである。

銀次郎が中学生になってからの楽しかった思い出といえば、夏の家族旅行である。毎年、夏休みに佐賀県にある唐津ゴルフ倶楽部に行き、父とふたりの兄と一緒に、4日間、ゴルフ三昧の日々を送ったのだ。

唐津ゴルフ倶楽部は陶器で有名な佐賀県の唐津にある。1937年（昭和12年）に杵島炭坑のオーナーであった高取九郎が造ったゴルフ場で、戦後は今や北九州の大企業となった昭和グループの創設者である金子道雄が引き継いで運営、1991年（平成3年）に9

ホールが増設され、18ホールのゴルフ場となり、佐賀県随一の歴史あるコースとして人気がある。

銀次郎が父や兄たちと訪れた頃は、現在のインコースである馬場野コースの9ホールしかなく、今も残る手作りのマウンドが特徴で、そこからは唐津湾を望むことができるリゾート気分溢れるコースだった。家族が宿泊したホテルはゴルフ場が経営する唐津湾沿いにあるシーサイドホテルで、こちらも夏休みにはうってつけの海遊びができるホテルだった。しかし、中部家の男たちは海水浴に見向きもせず、ゴルフに打ち込んだのだ。

親子4人のゴルフは和やかで厳しくもあり、ようやく大人の片鱗を見せ始めた中学生の銀次郎にとっては、大人たちと対等にゴルフができるという楽しいものだった。もちろん、銀次郎にとって「さらに上手くなりたい」という欲求が強く募っていたときであり、夏休みにも関わらず、真剣そのものだった。そして、そのときに倶楽部所属のプロ、島村祐正の練習を目撃したのである。

そもそも父・利三郎が島村と懇意だった。島村は30歳を超えた頃で脂が乗り切っていた。関西プロを1953年（昭和28年）から3連覇、1957年（昭和32年）には関西オープンも制覇するという関西に敵なしの実力者だった。

スイングは華麗であり、フェアウェイウッドが巧みで「4番ウッドの名手」ともいわれ、パットが上手ければ日本と名のつくタイトルも数多く獲ったに違いないゴルファーである。温厚な性格で、93歳で亡くなるまで、誰からも「祐さん」と呼ばれ、親しまれてきた好人物でもあった。

その島村は、銀次郎たちが早朝からの1ラウンドを終えた頃に、入れ替わるようにコースに入って練習を行う。

「プロはどんな練習をするのか」

興味に駆られた銀次郎はそそくさと昼食を終え、島村が練習しているところを探し回った。すると、そこは奥深い窪地で、風の通らない、最も蒸し暑い場所だった。やかましいほどの蝉の鳴き声。じりじりと照りつける太陽。立っていることさえも辛い炎天下で、島村は黙々とボールを打っていた。

頭から水を被ったように全身びしょ濡れで、汗が滝のように流れ落ちている。芝の照り返しを入れたら、体感温度は40度以上にもなっているに違いない。そんな状況下で一心不乱にボールを打っている島村を見て、銀次郎の胸は締めつけられた。

「いったい、なんでこんなところで、こんな時間に練習するのだろうか」

島村の練習は1時間が過ぎ、やがて2時間が経とうとしていた。

銀次郎は気づいた。島村は敢えて、この最も暑い時間に、最も蒸し暑い場所を選んで練習していたのだ。試合は過酷な状況下でも行われる。嵐の中でも酷暑でも、凍えるような寒い日でも行われる。だからこそ、島村は自ら進んで過酷な状況下で練習しているのだ。

だからこそ、トッププロを維持できるわけであり、日本一に向かって精進しているわけなのだ。これぞ、プロ魂であった。

そして、銀次郎は自分にもそうした練習を課そうと心に決めた。なぜならば、中学生になった銀次郎は、密かに日本一のゴルファーになりたいと決意していたからである。

要諦 9
「日本一になるなら、過酷な環境に自らを置き、厳しい練習を己に課さなくてはいけない」

縦振りか横振りか

小学生の頃から悩んでいたスライスのお蔭で、銀次郎はゴルフスイングのメカニズムに興味を抱いていた。中学生になると、体力がついてきたことでスライスの度合いは減ったが、それでも時たまとんでもないスライスボールが顔を出す。だから尚更、スイングというものを解明したかった。

父やその仲間たちはラウンドが終わってもすぐには帰らず、ゴルフ談義に花を咲かせていた。それも単にラウンド後のナイスショットの自慢話やミスショットの笑い話といったことだけにとどまらず、スイング論に話が及ぶことが多かった。

その頃の日本は朝鮮戦争による朝鮮特需で景気がよくなり、第2次世界大戦中に荒廃してしまったゴルフを巡る環境もかなりよくなってきていた。アマチュアの試合が再開され、プロの試合も行われるようになり、1957年（昭和32年）には中村寅吉と小野光一のペアが現・ワールドカップであるカナダカップに優勝して、日本各地でゴルフの大衆化が進もうとしていたのである。

そうした状況の変化により、どのゴルフ場のメンバーたちもゴルフにひとしお情熱を傾けるようになっていた。スイング論にまで及ぶラウンド後のゴルフ談義に、中学生の銀次郎は夢中で耳を傾けた。特にスライス病を完全退治しようとしていた時期であるから、なおさら大人たちの話が面白くて仕方がない。

「その頃のスイング論の中心は、縦振りか横振りかということで、縦振りが正しく、横振りが間違いだとするものでした。それは縦振りのほうが横振りよりもインパクトゾーンが直線になり、結果真っ直ぐに飛ばしやすいとされたからです」

今でいえばアップライトスイング（縦振り）かフラットスイング（横振り）かということになるが、なるほどそう言われればそうかなとも銀次郎は思ったものである。実際、その頃のアップライトスイングの代表選手は台湾出身のプロである陳清水であり、戦前の日本オープンや日本プロに勝ち、戦後も1953年（昭和28年）の日本プロに優勝するのだから、このときは陳清水の縦振りこそベストスイングだといわれたわけである。

しかし、その後すぐに兵庫県出身の橋田規が「水平打法」というフラット打法を考案して飛距離を伸ばし、1950年代半ば（昭和30年代）から日本プロ2勝と日本オープン2勝という偉業を成し遂げてしまうのである。今度はフラット打法がベストスイングとなり、一世を風靡する。このようにスイングはいつの世も、その時代に最も強かった選手のスイングがベストになる傾向がある。

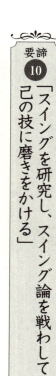

要諦10 「スイングを研究し、スイング論を戦わして己の技に磨きをかける」

スコアを縮めるホールの攻め方

この頃、クラブハウスで行われるゴルフ談義の質は高かった。スイングのことだけでなく、ゴルフクラブのこと、ホールの攻め方にも話は及んだ。

銀次郎はその頃の大人たちの話を思い出す。

「その当時のゴルフ談義では、ホールの攻め方もよく話題に上がっていました。今で言う

コースマネジメントです。特にロングホールなどはどんなクラブを使い、どんな球筋で、どこを狙ったのか。そうした攻め方の違いを話し合っていました」

ゴルフは体力を競うのではなく、技や頭を使うスポーツだと言うことだ。

銀次郎は生前、次のようなことをよく言っていた。

「昨今のゴルフの話は飛距離のことばかり。あのロングホールではドライバーでどこまで飛ばしたとか、あのショートホールでは何番のアイアンで打ったといった話ばかりです。とても寂しいというか低次元ではないでしょうか？　ゴルフは飛ばせばいいというものではありません。どのような球筋でコースを攻略するか。それが醍醐味だと私は思います」

ゴルフを考え、技術を磨く。その楽しみはゴルフクラブがパーシモンウッドと軟鉄鍛造アイアンだからこそできたことかもしれない。一朝一夕には真っ直ぐ遠くには飛ばせないクラブ。曲がるからこそ曲げることができ、スピンを考えたショットが楽しめたわけである。

今のように誰もが真っ直ぐに飛ばせる大型のチタンウッドやキャビティバックアイアンでは、技術を磨いたり、考えるゴルフが必要なくなってしまう。それがどれほどゴルフをつまらないものにしているかと、銀次郎は天国から叫んでいるに違いないのである。

要諦11 「飛距離のことよりも球質や球筋、コース攻略にこだわる」

スイングのメカニズムを知る

こうしたスイング論にまで及ぶゴルフ談義を耳にするようになって、中学生の銀次郎は自分のスイングを疑問視するようになった。父・利三郎が鬼才・戸田藤一郎から学んだというスイングはどう考えてもスライスしか出ないアウトサイドインのスイングだと理解したのである。そこで、自分なりにインサイドインのスイングに改善しようとした。

ゴルフスイングに興味を覚えた銀次郎はゴルフの本も読み漁った。サム・スニードやケン・ベンチュリー、そしてジャック・バーグ・シニアなど、マスターズや全米オープンなどメジャーに勝った選手のスイングは魅力的だった。特に1940年代にメジャーを次々に制したサム・スニードのスイングは憧れだった。流れるようなワンピースのスイングは父のスイングとは比べものにならないほど美しかった。

「アウトサイドインのスイングはいわゆるカット打ち。ボールを擦るからスライスになる。いかに擦らずに打つか。それを世界の一流選手のスイングを見ながら考えました」

写真による知識もあって、銀次郎はまず、父が戸田藤一郎から「前に上げて、ぐっと引け」と教わって頭よりも前に出ていたトップの位置を、頭より前に出ないように変えた。倶楽部の上手な人に聞いたときも、自分のトップの位置が頭よりも前に出ていると指摘されたからだ。感覚的にはかなり背中側にトップが来て違和感があったが、それでもまだアウトサイドに上がっていたぐらいである。

そして、そのトップからは戸田藤一郎が言うように腕を体にぐっと引きつけ、脇を締めて打つようにしたのである。こうしてトップでクラブヘッドがループを描く銀次郎特有のスイングができあがっていく。アウトサイドに上げるがインサイドから振り下ろすスイングとなって、スライスの度合いが減ったのである。

銀次郎はこの新しいスイングをマスターするために、平日はひたすら素振りを繰り返した。ボールがあると、どうしても打つことに意識が行ってしまい、思うようなスイングができない。だからこそ、素振りを繰り返して新しいスイングをものにしようとしたのだ。

銀次郎がボールを打つのは週末だけだったが、その他の日にしっかりと素振りを繰り返して基礎を固めたのがとてもよかった。

「毎日100回の素振りを半年間行えばシングルにもなれます。それほど素振りは大切な練習です。そして、素振りのようにボールを打てるようになることです」

あの倉本昌弘や尾崎直道でさえ少年時代は素振りを繰り返したし、岡本綾子も研修生時代は毎日素振りを行ったという。ゴルフだけでなく、野球でもソフトボールでも、上手くなりたければ素振りを繰り返し行う必要があるのだ。

要諦12 「毎日100回の素振りを半年間行えば、誰でもシングルになれる」

「壁スイング」で基本を身につける

ボールがなければ素晴らしいスイングをするのに、ボールがあるとひどいスイングになってしまう。こうしたことはよく言われることだが、それだけに誰でも素振りは素晴らしい。ボールがなければ、スムーズに伸び伸びと振れるからだ。ボールがあるとスイングすることよりもクラブヘッドにボールを当てようという意識に変わってしまい、ぎくしゃくとするわけである。

だからこそ、毎日素振りを行ってスイングをしっかりと固めてしまい、ボールがあっても素振りと同じスイングで打つことができるようにならなければいけない。

「素振りでスイングを固めてしまえば、ボールがあろうがなかろうが関係なくなります。

ボールを凝視せず、何となく見ているだけで、上手く打ててしまうのです。仕舞いには目を瞑ってでも上手く打てるようになる。逆に目を瞑った方が上手く打てたりもするのです」

確かに倉本昌弘や岡本綾子はボールなど大して見ていないという。ぼんやりみているだけだと。その域に達するまで素振りでクラブを振り込むことなのだろう。

また、銀次郎はスイング中に頭が動かないように、壁に頭をつけて腕を振る練習も行った。クラブは持たずに腕だけを振るのだ。これは簡単なようだが、実際はなかなか上手くできるものではない。頭が動くと頭の皮が壁に引っぱられてとても痛いし、手が体から離れてスイングする人は手が壁にぶち当たるのでとても痛い目に遭う。

「この『壁スイング』はどこでもやれるとてもいい練習です。壁さえあればいいわけですから。この『壁スイング』ができるようになれば、頭が動かないスイングとなるので、嫌でも当たるようになります」

確かに頭が動かなければ、スイングがどうあれ、ボールは確実にジャストミートできるだろう。目を瞑ってでも上手く打てるようになるはずだ。

そして、競技から遠ざかった晩年の銀次郎から、どれほど多くのアマチュアがこの「壁スイング」をやらされたことだろう。実は筆者も直接銀次郎からこの頭をつけた「壁スイング」をやらされ、したたか壁に手を打って血だらけになったひとりである。

要諦13

「頭を壁につけて腕を振る『壁スイング』をいつでもどこでもやろう」

ゴルフは自分自身とコースとの戦い

銀次郎は素振りと「壁スイング」によって、ドライバーショットがフェアウェイに飛ぶようになった。アイアンショットは元々ある程度よかったので、セカンドショットでグリーンをとらえられることも多くなり、スコアは必然的によくなった。こうして、中学2年のときには一気にハンデが縮まり、シングルハンデの8にまで到達したのである。

しかし、それが嬉しかったという気持ちは銀次郎にはなかった。なぜならスライスは収まったといってもまだまだしていたし、完璧なショットは少なかった。ハンデの数を縮めるというよりも、事実上、もっともっと上手なゴルファーになりたかった。

銀次郎はハンデというものをしっかりと認識していた。

「ハンデというものは、ショットがよくなくても経験を積めばよくなるものです。ハンデと技量は別物だと思えました。というのも、ハンデが8になったからといって、それで平均スコアがパーの72＋8の80ということはないからです。現に70台は滅多に出ませんでしたから」

銀次郎にとって、ハンデというものが実際のスコアの平均値を表すものではないということが腑に落ちなかった。また、判定基準があるとはいえ、第三者が決める評価であることも価値あるものに思えなかったのである。

だから、少年時代から銀次郎はハンデにこだわることはなかったし、そのために上手くなろうと思うこともなかった。純粋に自分のショットをよくしたい、ミスショットをなくしたい、スコアをよくしたいと考えて練習し、プレーしていたのである。自分自身の腕前は自分が一番よく知っていた。自分自身の絶対評価を上げたかったのだ。

それは敢えて言えば、人より上手い下手ということも関係がなかった。ゴルフは自分自身との戦いである。コースとの戦いである。たとえ一緒に回った人と比べてみても、ショット毎の条件は異なるわけで、相対評価をしても意味などまるでないと思っていた。あるのは自分だけがわかる絶対評価だけだと、その頃から確信していたのである。優勝したとしても納得がいくプレーをしたうえでなければ嬉しくはなかった。

その信念は生涯を通じて変わらなかった。

「日本一になることと、日本一のゴルファーになることはまったく違うことです」

それが中部銀次郎だった。

要諦 14

「ゴルフは相対評価ではなく、絶対評価を下すべきものである」

第2章

世界アマで知った「井の中の蛙」

高校・浪人時代

憧れの『マグレガー MT ターニー』

明瞭中学を卒業し、山口県の名門、下関西高校に進学した。卒業前に銀次郎はそれまで欲しくて仕方がなかった『マグレガーMTターニー』のセットを手に入れた。父・利三郎が使っていた1956年製のその名器を譲り受けたのである。それまでは『ボビー・ジョーンズ』という名前こそ凄いが、黒い鋼のシャフトが装着された廉価なクラブを使っていたのである。

部屋に置いてあった『マグレガーMTターニー』を何度手にとって眺めたことだろう。パーシモンの年輪が長い年月を思わせ、深く落ち着いたニス塗装が何とも言えない重厚感を醸し出している。アイアンはシャープな光沢があり、見るからに力強い弾道が打てそうだった。構えただけで、何とも言えないいい感じがしたものである。

「クラブは握ったときの感じで決まる」

生涯、銀次郎がクラブに対して口にしていた言葉である。それは打たなくても握っただけで、自分が思うような弾道が打てるかがわかってしまうということを表している。今のクラブは確かに機能的にはいいのかもしれない。しかし、魂が込められているかといえば違うだろう。打ち手の感性が具現化できるクラブは決して機械では作れない。武士が使う刀と同様である。

「クラブは女性と一緒で、滅多に自分にぴったりと合うものに巡り会えません。それも、絶対に自分が思うようなショットが打てるというクラブは、一緒に長い間練習を積んできたからこそ得られる信頼感があります。選手時代に大好きだったバフィもヘッドが欠けてしまったのを修繕に修繕を加えて使っていたのですが、とうとう使えなくなってしまい、それ以上のバフィを手にすることはとうとうできませんでした。そのバフィがあれば、優勝ももう少しできたかもしれませんし、現役生活ももう少し長く続けられたかもしれません」

銀次郎が父の『マグレガーMTターニー』を譲り受けたときには、セットの中でも7番アイアンが最も好きだった。手に入れた後も、7番アイアンのショットだけは納得できるものが打てた。ロフト、長さ、重さ、すべてがしっくりと来るのである。

「どうしてそのクラブが自分のものになったのか忘れてしまいましたが、とにかく嬉しかった」

抱いて寝たクラブだった。

そして、この『マグレガーMTターニー』は、7番アイアンだけでなく、すべての番手が猛練習とともに銀次郎の本物の手のような信頼感で結ばれたクラブとなったのである。

要諦 15

「クラブは長い間練習を積んできたからこそ信頼感を得られるものである」

中部家の下関ゴルフ倶楽部誕生

中学生のときから、銀次郎は門司ゴルフ倶楽部の月例など、試合にも出場するようになった。優勝もしたので、前述したようにハンデが8にまで縮まった。

父の利三郎も長男の一次郎も、そしてゴルフ談義をする会員たちも、大きな目標は日本アマチュア選手権に出場し、できることなら優勝カップを掲げることだった。銀次郎もいつかは日本アマに出場したいという願望を抱いていた。

父・利三郎はそのためもあり、下関に自らゴルフ場を造ってしまおうと考えた。日本海沿いの八ヶ浜を望む丘の上に、門司ゴルフ倶楽部を設計した上田治にシーサイドコースの設計を依頼、門司ゴルフ倶楽部のグリーンキーパーを派遣してもらって素晴らしいコースが出来上がった。下関ゴルフ倶楽部である。

父と3兄弟は自分たちのコースで思う存分、練習するのだった。1番と2番ホールは日本海の響灘を右手に眺めながらのラウンドとなる。穏やかな日は潮騒の香りを嗅ぎながら、松のざわめきを聞きながらのゆったりとしたプレーができるが、風の吹く日は一変して自然との闘いとなる。

銀次郎が低めの強い弾道で真っ直ぐにピンを目がけたショットを持ち球としたのには、風に負けないためであった。下関ゴルフ倶楽部が育てたといっていいこのライナーのショットが、どんな過酷な状況下でも銀次郎にパーを与え、史上空前の大記録である6回もの日本アマのタイトルをもたらせたわけである。

高校生になった銀次郎は、日に日に腕を上げていった。日本アマ挑戦のための下地は出来上がってきたように思えた。しかし、それとともにある大きな問題が浮上してきたのだ。それは銀次郎が大変な恥ずかしがり屋であるということだった。人前に出ることはもちろん、顔見知りでない人と挨拶することすら恥ずかしくて上手くできない。赤面してしまうのである。困ることにはその兆候が歳をとるごとに強くなっていったことである。

高校生になるこの頃には、1番のティグラウンドで誰かが見ていると思うだけで、緊張して上手く打てなくなってしまうほどだった。もちろん、誰でもスタートホールのティショットは緊張するものだ。しかし、銀次郎の場合はそんな生やさしいものではなかった。見知らぬ顔があるだけで顔から血の気が引いて足が震え、体がガチガチに硬くなってしまうのである。よいショットを打ちたいという以前に、ボールが打てなくなってしまうのだった。

そうなれば、猛練習でものにした矢のようなライナーショットも宝の持ち腐れになってしまう。

要諦16
「風に負けない球となるように低めの強い弾道でピンを一直線に狙った」

あがり症をデパート通いで克服

対人恐怖症といってもよいメンタル面の弱さが銀次郎を悩ませた。

父・利三郎が造った下関ゴルフ倶楽部で腕を磨いたとはいえ、このままでは日本アマどころか、少し大きな大会でも勝てるわけがない。銀次郎は考えた挙げ句、下関のデパートに通うことにした。

たくさんの見知らぬ人の間に交じり、もっとも緊張する女性店員と話をするという課題を自分に授けたのである。

「最初は案内嬢の前を通り過ぎるだけでも心臓がドキドキし、顔が真っ赤になるのがわかりました。しかしだからこそ1回でやめるわけにはいきません。そこで再び案内嬢の前を通るのですが、結果は同じです。動悸が激しくなり、顔には火がつく。その日はもうできませんでした」

しかし、銀次郎は次の日もデパートに行ったのである。この日は案内嬢の前を通ってもドキドキせず、赤面しなくなるまでトライしようと決心していた。そうならなくては平常心で試合に臨めるわけはないと思ったからである。しかし、またしてもできず、その次の日も、またその次の日もデパートに通ったのである。

最初は気づかなかった案内嬢もさすがにおかしな青年だと思ったに違いない。今ならばストーカーだと勘違いされたところだろう。しかし、銀次郎は大真面目にそれを行った。恥ずかしいことを敢えて行って恥ずかしくなってこそ、羞恥心を退治できると思ったからである。

そして、案内嬢からなんと思われてともいいと開き直ったとき、不思議なことに胸の動悸と赤面がなくなったのだ。

「対人恐怖症を治すやり方はほかにもあったかもしれません。しかし、この自分の弱点は誰にも相談することができなかったのです。他人がなんでもないことが恥ずかしいわけですから、その恥ずかしいことを話せるくらいなら、そんな悩みなど抱えることはなかったのですから。だから、とにかく自分にとって一番恥ずかしい、知らない女性と話をするということを自分に課したのです」

このように、やるとなったらどんなことでもやれるのが銀次郎の強さだったのかもしれない。他人が見たら馬鹿馬鹿しいと思えることでもやれる。ゴルフのためならやれたのである。

銀次郎にとって、ゴルフはそれほどのものにまでなっていたのだ。

要諦17

「緊張したときに開き直ることができるか。恥ずかしいことを敢えて行い、羞恥心を排除する」

早朝ランニングで体力強化

銀次郎の体は高校生になっても小さかった。身長は160㎝そこそこ、体重も50㎏にも満たない痩せっぽちだった。原因不明の胃けいれんがもとで始まったゴルフだったのだから、父・利三郎は銀次郎が健康にさえなればいいと、息子のゴルフ自体に期待をしていたわけではなかった。

ところが、内向的な性格の銀次郎にとって、自分との戦いであるゴルフは向いていたのかもしれない。自分が頑張れば頑張るだけ成果が上がることもやる気を起こさせた。しかもただボールを打つという単純運動であるにもかかわらず、思うようにならないことも銀次郎を惹きつけたのだ。

こうして父の想像を遙かに超える上達ぶりを示した銀次郎。中学生のときにはすでに父と肩を並べるスコアを出すこともあるくらいで、体の弱かった銀次郎がここまでやれるとはと父は大変に嬉しかった。

銀次郎はそんな父をさらに喜ばしたいと練習に精を出した。そして高校生になるや、父や兄たちが目標とする日本アマに出場したいと考えるようになり、技術だけでなく体も鍛えようと思うのである。

銀次郎は毎朝6時に起床して、山の中を切り開いた道を走った。関門トンネルから山陰に抜ける道と関門大橋から国道1号線を結ぶ道の、長府に行く途中の道、約5㎞を毎日走ったのである。朝早いので車もあまり走っておらず、朝日に向かって走り、折り返せば朝日を背にして走るという気持ちのよい道だった。

「体の小さな私は人よりも遙かにボールが飛びませんでした。これから大きな大会に出て勝とうとするならば、もっともっと飛ばす必要があったのです。それには下半身を鍛えることが一番だと思いました」

飛ばしたいのならば土台をしっかりとすることだ。それは野球もゴルフも同じ。走り込みこそ、何よりも優ったトレーニングなのである。

しかも走り込みは心肺能力も鍛えるからスタミナも倍増する。1日36ホールを歩いてラウンドし、しかも何日間も続く大きな大会で勝つには体力強化も必要なのだ。それは日本一を争う日本アマなら尚更必須である。心技体といっても、体力がなければ精神力は持たないし、技術を発揮することもできない。体という基盤があってこそのゴルフだと、銀次郎は痛感していたのである。

要諦 18

「ゴルフは足腰を強くすることが肝心。毎朝、5kmのランニングを自分に課した」

グリップを変える

心技体の技の部分で銀次郎が高校時代に取り組んだ最も大きなことは、グリップを本気で変えることだった。

中学の頃から海外の一流プレーヤーの技術書を読み漁っていた銀次郎は、中学の終わり頃にベン・ホーガンの雑誌記事に出会い、高校に入ってから彼の著書である『モダンゴルフ』を読んだのである。

ホーガンはメジャー9勝を含む、ツアー通算64勝をなし遂げた1950年前後に最高に強かったゴルファーである。その間に瀕死の重傷を負う交通事故に遭っていながら、奇跡の復活を遂げた不死身のゴルファーとしても有名である。しかも冷徹で超然とした雰囲気が漂うミステリアスな選手だった。

銀次郎はそうした求道者のようなホーガンに自分と似た匂いを感じたのではないだろうか。ホーガンは170㎝、58㎏とアメリカ人にしては小柄だったことも学ぶべきものが多いと感じたに違いない。実際、銀次郎はホーガンのグリップに着目し、自分も同じスクエアグリップに変えようと考えたのである。

それはホーガンが「グリップはスイングの心臓である」と述べた一言に衝撃を受けたからだ。

「グリップは心臓なのだから、これが働かない限り、スイングは正常には動かない」

確かにホーガンの言う通りだと思った。だからこそ、自分のグリップを変えようと決心したわけだ。

「私のグリップはそれまで左手の甲が上を向いたフックグリップでした。しかし、ホーガンのグリップは左手甲が飛球線方向を向いているスクエアグリップでした。ごく自然に構えられていて、これほどまでにフィットしているグリップは見たことがなかったのです。確信などまったくなかったのですが、このグリップにすれば自然体で構えることができ、正確に目標に打てるという気がしました」

最初にホーガンのスクエアグリップに挑戦したのは中学の終わり頃だった。雑誌を読んですぐにそのグリップをして構えてみた。すると雑誌を見たときに感じたものとは大きく異なり、右にボールが飛んでいくような気がする。しかもクラブが強く握れず、手からすっぽ抜けそうな感じがするのである。

実際に打ってみるとその予感通り、ボールは右に弱々しく飛んでいく。それを嫌がるとクラブヘッドのソケット部分にあたり、シャンクしてしまうのである。シャンクほど嫌なミスショットはない。銀次郎は無惨なミスショットに愕然、頭の中が真っ白になった。

「左手をほんの少し、左に回したにすぎない。それなのに、まったく上手く打てなくなってしまう。ゴルフとはなんと恐ろしいものだろう」

しかし、このグリップは天下無敵のホーガンが行っているグリップなのだ、間違っているはずがない、上手く打てないのは自分が間違っているからだと思った。猛練習で克服してやる。そう誓いは立てたものの、ほんの微細なことで大変化を起こす、このゴルフという摩訶不思議なものを改めて驚きをもってとらえたときでもあった。

要諦19 「グリップはスイングの心臓。スクエアグリップなら狙いを正しく定められる」

ホーガンのスクエアアドレス

ホーガンのスクエアグリップ。その新しいグリップに慣れるまでに、銀次郎は猛練習と長い時間を必要とした。

「一度体に染みついたものを壊して、違うものに馴らすということがこれほど大変なことは思わなかった」

しかも、ようやくボールをとらえることができるようになっても、ひどいスライスが出てしまうこともあり、それが銀次郎を悩ませた。ようやく父を真似たスイングを修正して治まってきたスライス病が再び顔を出したのである。

辛かったし、厳しかった。そこで元のストロンググリップに戻すこともあった。しかし、高校生になった銀次郎には、このホーガンのスクエアグリップをものにしない限り、己のゴルフの前進はないと思えた。日本一のゴルファーになるためには、世界一のゴルファーのグリップでよいショットが打てなくてはならない。それが銀次郎の理屈だった。

こうしてホーガンのスクエアグリップに合わせてスイング自体も変え、スライスを撲滅していった。

「アドレスでスタンスの向きを飛球線と平行にしました。それとともに腰や両肩のラインも平行になるようにしました。特に右肩が前に出ないようにしたのです」

ホーガンの教えはスクエアグリップとスクエアアドレスが基本である。そして『モダンゴルフ』の中に出てくる衝撃的なイラストで説明されたスイングプレーンという概念。それは一枚の大きなガラス板からホーガンが頭だけを出し、その板がクラブヘッドへ斜めに立てかけられていて、そのガラス板を壊さないよう、板の上を滑らすように沿わしてクラブを振れという教えである。つまり、首からクラブヘッドを結ぶライン上にクラブを振るのが正しいスイングプレーンだというものである。

銀次郎はそのイラストのように、クラブを振ろうとした。それにはトップの位置がスイングプレーン上にあることがキーポイントになる。そのトップが収まるべき場所に収まるように振ることを心掛けたのである。

「このことは私が中学生のときに、倶楽部の大人のメンバーたちがアップライトスイングがいい、フラットスイングが悪いといった議論をしていたことをも解決してくれました。ホーガンの言うスイングプレーンは、ゴルファーの身長や腕の長さ、前傾角度によって変わります。人それぞれ違っていいということです」

こうして猛練習を経て、銀次郎は少しずつホーガンのグリップと新しいスイングをものにしていった。そして、やがては銀次郎ショットと呼ばれる、真っ直ぐ鋭く飛ぶストレートボールをものにしていったのである。

要諦
20
「スクエアグリップ、スクエアアドレス。正しいスイングプレーンをものにする」

たった2度の衝撃

その頃、ベン・ホーガンが銀次郎に与えた影響はグリップやアドレスの形だけに留まらなかった。ホーガンのスイングに対する精密度に衝撃を受けてしまうのだった。

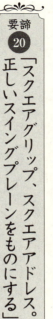

ホーガンは1955年、サンフランシスコのオリンピックカントリークラブで行われた全米オープンで、最終日をジャック・フレックとともに首位でホールアウトしたのだが、翌日の18ホールズのプレーオフで大方の予想を裏切って3打差をつけられて敗れていた。全米オープン5回目の優勝を逃してしまったのだ。

その試合の直後、ホーガンは「これまで自分が語らなかった秘密を公開する」と発表し、アメリカだけでなく世界のマスコミの関心を集めた。というのも、その秘密がホーガンの欠陥に関することだったからだ。もちろん、銀次郎も世界最強のゴルファーの欠陥が何かと興味津々であった。なぜなら、完璧なスイングで完璧なショットを繰り出すのがホーガンだったからだ。

そして、散々もったいぶった挙げ句、その欠陥がライフ誌に掲載されたのだ。

「トップ・オブ・スイングの際、手首の角度がいつもより2度折れ曲ったのが敗因だった」

これには世界中のゴルファーが「なんだ、そんな些細なことか」とがっかりしたものである。もっと衝撃的な事柄を想像していただけに期待はずれだったのだ。

しかし、グリップを少し変えただけでまったくボールに当たらなくなってしまう摩訶不思議なゴルフというものを知ってしまった銀次郎にとって、ホーガンの欠陥が僅か2度という手首の角度だったからこそ、衝撃であった。そんな僅かな狂いもホーガンという人は把握しながらゴルフをしているのかと。そして、僅か2度の違いによって、ショットが大きく乱れることがあるだろうことも銀次郎には想像できたのだ。

「構えたら、あとはただボールを打つだけだった私にとって、驚きの言葉でした。トップでの手首の角度までには至りませんでしたが、トップの位置についてはスイングプレーンのことを知り、こだわるようになりました。というのも、トップが気持ちよく収まっているときはよいショットになるからです」

スイングはアップライトもフラットもない。ゴルファーの身長や腕の長さなどによってそれぞれである。そのことをホーガンのスイングプレーン理論によって確証を得たわけであるが、ならば、それぞれのゴルファーにはそれぞれベストなトップの位置があるということになる。銀次郎は自分にとってのベストなトップの位置にこだわり、いつでもその位置に上がるように心掛けた。

要諦21 「トップが気持ちよく収まっていれば、自然によいショットが打てる」

トップは第2のアドレス

ゴルフスイングにおいて最も重要とされるのが、アドレスである。銀次郎は生涯こだわった。そして、もう一つ大事なポイントがアドレスである。

古くからの格言に次の言葉がある。

「トップは第2のアドレスである」

それほどトップはアドレスと肩を並べるほどスイングにおいて重要なものだということ

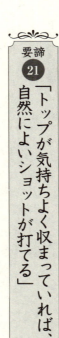

である。しかし、理解はしてもなかなかベストな位置に収まらないのもまたトップである。

「ゴルファーはそれぞれたった一つのベストなトップの位置が必ずあるわけですが、それを探し出すのはなかなか大変なことだし、実際に自分がベストな位置と感じるポジションが必ずしもベストであるとは限らない。むしろそうでないことが多いのがトップなのです。だから難しいのですが、いいスイングをしている人は皆、ベストな位置にトップが納まっているものです」

銀次郎が言うように事実そうなのだが、トップは誰もが自分でそこを見て打つことはできない。ボールを見ながらここがベストだと思ってクラブを上げるしかない。しかし、それがよいと思えない位置に上がっていることがあるわけで、やはり他人に見てもらったり、ビデオに撮ってチェックするしかないのである。

「感覚の違いを直すことほど難しいことはありません」

しかし銀次郎だけでなく、それは上達したいと思っている人ならばやらなければならないことなのだ。正しいスイングプレーンを意識し、トップがそのプレーンを生むような位置に上がっているか。それを根気よく確かめていかなければならないのである。

銀次郎はスイングにおける自分が大事にする事柄を小さな紙切れに書いてキャディバッグに忍ばせていた。練習する前やコースでのプレー前にそれを見て頭に入れてからスタートするわけだ。いわば、必ず確認するべきチェックポイントというわけだ。そのチェック

ポイントにトップの位置というものが加わった。
それはホーガンにおけるトップでの手首の角度。その2度の違いにこだわるホーガンの気持ちがわかったからである。

要諦 22
「スイングは僅かな誤差でもミスに繋がる。それほど微妙なものなのだ」

高校2年で関西学生予選トップ

こうして銀次郎は徐々に自分のスイングを作り上げていった。ベン・ホーガンのスイングを基本に据えながら、自分にフィットするものにアレンジしていった。自分がしっくりとするスクエアグリップとスクエアアドレスを形作り、ベストなトップの位置にクラブを上げていき、ダウンスイングからはひたすらしっかりと打つことを念頭に置いて、きっちりとフィニッシュを取っていったのである。

また、この頃の銀次郎はアプローチショットとパットに抜群の冴えがあった。子供のような純粋な感覚があるから、邪念なくクラブが振れる。欲が心の邪魔をせず、自然に体や手が動くのだ。だから100ヤード以内からは2打であがれると確信していた。

「100ヤード以内ならピンを狙っていました。それが楽しかったし、実際なんの重圧もなくスッとクラブが振れていました。最低でも2打であがろうと思っていましたし、実際その勘定でプレーをしていました。バンカーからは直接カップを狙っていましたし、パットも迷うことなく真っ直ぐに打てていました。大学生になってから寄せとパットに苦しみ出しますが、その頃は何も考えずに上手くいっていたんです。逆に言えば何も考えずに、ただポンと打っていた。寄らなかったらどうしよう、外れたら嫌だといった気持ちはなかった。要は恐れを知らなかったんです」

こうして高校2年のときには下関ゴルフ倶楽部のハンデは2までに縮まった。そして、その年の夏、関西学生選手権に出場することになったのである。それまで倶楽部の月例試合に勝ったり、県知事杯に勝ったりということはあった。しかし、公式戦は初めてである。しかも山口県外に出て、兵庫県にある廣野ゴルフ倶楽部で大学生に混じって戦わなければならないのだ。

緊張しやすい銀次郎にはさぞかし大変な重圧がかかったことだろうと思われるが、2年前に次兄の幸次郎が出場して予選を5位で通過しながら、本戦のマッチプレーでは敢えなく初戦で敗退していたことから、銀次郎は鼻っから大学生には歯が立たないと気楽に感じて臨んだのである。

予選は36ホールを1日で行うのだが、無我夢中でプレーした銀次郎は関西屈指の難しいゴルフコースを、午前中のラウンドは36・38の2オーバーで回り、なんと2位に4打差をつけて首位に立ってしまったのだ。嘘だと思いながら、後半もこの調子でいこうとしていたが、疲れが少し出てしまった銀次郎は38・41。80は打たなかったからよかったと不満足ながらも納得していたら、2位との差が2打に縮まっただけで、なんと見事予選トップのメダリストになっていたのである。

今ではゴルフの試合は予選も決勝もストロークプレーが一般的だが、昔は全英オープンでも全米オープンでも予選はストロークプレーで、決勝は予選の上位選手たちによるマッチプレーでのトーナメントで競われた。そして、予選のトップの選手にはメダルが贈られ、メダリストと呼ばれたのである。

銀次郎は高校生でありながら、並み居る強豪の大学生を破ってメダリストになったのだからマスコミを騒がせた。こぞって新聞・雑誌が、メダルを首にかけた銀次郎の写真とともに記事にする。大洋漁業の御曹司であることも話題をヒートアップさせた。

そんな銀次郎の本戦はいかなるものだったのか。翌日に行われたマッチプレーで、銀次郎は1回戦こそ1アップで勝つことができたが、2回戦はあっさりと関西学院大学の大西久光に敗れてしまったのである。

大西は大学卒業後にゴルフメーカーに勤務し、後に社長まで務めた人でゴルフ界に多大なる貢献をしてきた人物。このときは稀に見るゲーム運びができたお蔭で勝てただけで、実際には銀次郎の恐れを知らぬ歯切れのよいショットに驚愕したという。それほど銀次郎のショットは正確で高校生離れしていたのだ。

要諦 23
「100ヤード以内はピンを狙い、そこから最低でも2打で上がる」

日本アマに初出場

高校2年生で大学生に混じっても互角に戦えたという自信と、マッチプレーの難しさを体験した銀次郎は、益々ゴルフという摩訶不思議なスポーツにのめり込んでいった。

「ゴルフを極めたい」

ところが、下関西高校は山口県では有名な進学校であったから、銀次郎は他の生徒と同様に、高校3年になると受験勉強のため、ゴルフから離れることを余儀なくさせられた。

長兄の一次郎も次兄の幸次郎も慶応義塾大学に進学してゴルフ部に所属していたから、銀次郎本人も当然慶応でゴルフをするものだと思いこんでいた。

ところが、机に向かっても考えることはゴルフのことばかり。やらないと決めたのに余計にやりたくなる。勉強に身が入らないうちに受験の日を迎えた。

「あまり勉強はしなかったのですが、それでも慶応には入れるもんだと思っていました。しかし、受験をする前になって、慶応大学はゴルフ場まで行くのに時間がかかることがわかったり、兄と同じ大学に入って一緒にゴルフをすることにも抵抗感が出てきました。それで試験を受けたことは受けたのですが、答案用紙に名前だけ書いて、さっさと試験会場から出てしまいました」

もっともっと思い切りゴルフのできる大学に進学したい。こうして自ら浪人の道を選んでしまったのである。その結果、下関にとどまり、ゴルフをしながら受験勉強をすることになった。銀次郎からゴルフを取り上げては、勉強にも身が入らないと父が判断したのかもしれない。

すると、浪人中の身でありながら、銀次郎は7月の日本アマチュア選手権に出場することになった。長兄の一次郎がこの日本アマチュアを初制覇した翌年の1960年（昭和35年）のことである。会場は愛知カンツリークラブ東山コースだった。

「子供の頃から父や兄を含め、大人たちが目標にしていた日本アマ。自分もいつかは出場したいと思っていた夢の舞台に出場できることになったのです。しかも前年は兄の一次郎が優勝している。その弟というだけでなく、まだ10代というだけでも大いに注目されていました。だから余計に日本一の選手を決めるこの伝統ある大会だけは無惨なプレーはしたくない。それだけに緊張もしました」

愛知カンツリー倶楽部は1959年（昭和34年）に東山ゴルフクラブという名で開場したコースで、名匠・井上誠一が尾張徳川家のお狩り場であった名古屋市東部の丘陵地に、自然を生かしてダイナミックに設計した代表作である。

この日本アマの3年前の1957年（昭和32年）には日本オープンがこのコースで初めて開催され、「那須の小天狗」こと小針春芳が、石井朝夫や銀次郎がその練習を見て驚愕した島村祐正を破って優勝を遂げている。その後も昭和47年と平成22年にも日本オープンが開催され、日本アマはこの昭和35年に初めて開催された後、昭和39年と平成19年に開催されている中部地区の名門コースである。

「浪人中とはいえ、勉強とともにゴルフの練習もやっていました。短い時間でしたが、ゴルフをすればストレスも溜まらず、勉強にも集中できました。ショットは飛距離も出てきましたし、かなり正確に打てました。パットやアプローチも自信があった。愛知カンツリー倶楽部はショットもパットもよくなければ勝つことができない難コース。とはいえ、パットの名手である小針さんが日本オープンに優勝できたということはパットが勝負になると感じていました」

要諦24

「アプローチとパットは、子供のように何も考えず、無邪気にカップを狙う」

日本アマ、史上初の10代メダリスト

銀次郎がこの日本アマに初出場したとき、愛知カンツリー倶楽部東山コースは全長7105ヤード・パー74という、当時ではかなりの長さを持って競技が行われた。出場選手は105名、予選は36ホールのストロークプレーで、決勝は予選上位16名にてトーナメントで争われる。銀次郎は出場選手の最年少で18歳、下関ゴルフ倶楽部のハンデ2でのエントリーだった。高校3年のときに身長が一気に伸びて170cm近くなり、打球も強くなり飛距離も出るようになったが、まだまだあどけない顔の少年だった。

予選が始まった。1番のティグラウンドに立ったとき、動悸が激しく胸を打った。これほど心臓の鼓動が大きな音となって聞こえたことはなかった。手は痺れるように感じ、足が震えた。大きく深呼吸してアドレスに入ると、すべてのことが消え去った。ただボールを見つめて思い切りクラブを振った。

ボールはしっかりとした手応えとともに、鋭く強い当たりで空を引き裂くように飛んで

いった。真っ直ぐに飛び出してからフェードがかかり、フェアウェイ右にランディングした。極度の緊張はナイスショットを生むものだと銀次郎は初めて知った。ふーっと息を吐く。打ち終わった後も鼓動の音は大きかったが、ゆっくりとしたリズムになっていた。セカンドショットからも狙ったところにただ打つだけだった。グリーンをとらえたら、カップを目がけて打った。グリーンを外しても、ピンに寄せるだけだった。パットも強気でホールを狙い、しっかりと沈めることができた。

毎ホール、ただひたすらプレーした。集中しようとしたわけではなく、集中できていた。不安や焦燥を感じることもなかったが、それは感じるゆとりがなかったと言っていい。欲も見栄もなかった。

「プレー中は、余計なことは言わない、しない、考えない」

銀次郎が後にモットーにしたことだが、初めて出場した日本アマで銀次郎はそのことが自然にできていた。純粋にボールを打つことだけを行うことができた。それが若さの特権である。経験のなさが雑念の入り込む余地さえなくしてしまう。デビューした頃の石川遼の強さと同様である。

こうして銀次郎は午前中の18ホールを37・37のパープレーでラウンドしたのである。同じイーブンパーに5人、70台でホールアウトした選手が30人いた。午後も銀次郎は純粋にボールを打っていけた。最初のハーフを35で回り、アンダーが見えた残りのハーフで心が乱れて40を叩いたが75の1オーバーだった。未熟さが悔やまれたが、それもまた18歳という若さゆえである。

しかし、1オーバーの149ストロークは出場選手中最少のスコアだった。銀次郎は日本アマ初出場にしてメダリストになったのである。10代のメダリストは日本アマの大会史上初めてのことだった。

翌日からは予選上位16人による決勝トーナメントが始まる。4回勝てば優勝である。若武者、銀次郎のゴルフはどうなるのか。

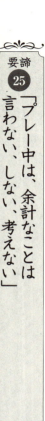

要諦 25

「プレー中は、余計なことは言わない、しない、考えない」

決勝トーナメント

日本アマ本戦の1回戦は、午前9時から18ホールのマッチプレーで行われた。銀次郎は茨木カンツリー倶楽部の塩沢龍彦と対戦し、7エンド5という大差で勝ち上がった。

マッチプレーでは1ホールずつどちらがよいスコアかを競い、勝ち取ったホール数で勝敗が決まる。7エンド5というのは、5ホールを残した13番ホールで銀次郎が7ホールを勝ち取り7アップしたため、勝負が決着したことを意味する。残りホールをすべて塩沢が取っても逆転できないわけで、銀次郎が序盤から圧倒したわけである。

午後に行われた2回戦も18ホールのマッチプレーで、対戦相手は我孫子ゴルフ倶楽部の名手、冨田浩安。勢いに乗る銀次郎はアウトだけで3アップし、12番もとって4アップとリードした。

冨田にも大差で勝てると思った13番で銀次郎がバンカーショットをミスして1つ落とし、続く14番のパー5ではセカンドショットが飛翔するヒバリに当たってしまうというハプニング。そのとき、冨田から「剥製にしたら」と言われたことが痛烈に銀次郎の記憶に残っているのが、そのときの動揺ぶりを表していると言えるだろう。

この14番ホールも落とし、しかも続く15番パー4で冨田がなんと100ヤード近くあるセカンドショットを直接カップに放り込んでイーグルを奪ってしまったのだ。あっという間にその差はたった1つ。しかも試合の流れは完全に冨田に変わってしまったのである。

「ゴルフは恐ろしい。何が起こるか、一寸先は闇だ」

銀次郎が戦慄を覚えた途端、冨田本人が自分に向いた流れを自ら断ち切ってしまう。16番パー3でまさかの3パットを犯してしまうのだ。17番を分けたため、銀次郎が2エンド1で勝てたわけである。

要諦26「ゴルフは恐しい。何が起こるか、一寸先は闇だ」

岡藤武夫との準決勝

準決勝は翌日の大会3日目にこれまでの倍となる36ホールのマッチプレーで行われた。対戦相手は2回戦で銀次郎とジュニアの頃からのライバルで、今は甲南大の1学年先輩となる吉川隆之を破った武蔵カントリー倶楽部の岡藤武夫。この日は朝から激しい雨でフェアウェイ上を雨水が川のように流れており、中止になってもおかしくはない天候だった。

ボールを打つ度に水しぶきが上がる。ランディングしたボールはまったくランが出ない。グリップは滑る。銀次郎はそうした悪条件の下、日本アマ常連で日系2世の飛ばし屋である岡藤に一歩も引けをとらぬ戦いを挑んでいた。

午前中の18ホールのアウトは中部が取ると岡藤が返すという展開でイーブン、インは中部が11番と15番を取り、18番を返され中部の1アップという僅差。雨が上がった午後に試合が動く。中部が5番パー4で右サイドにOBを放ってしまったのだ。続く6番パー5で岡藤が見事な寄せでバーディを奪って、この日初めて岡藤がリードした。インに入っても岡藤が押し気味で中部が13番でボギーを叩いて2打差。しかしここから中部が盛り返して14番と15番でバーディを奪ってオールスクエアに戻す。

中部に流れが来たと思えた次の17番パー3で岡藤が2mのパットを決めたのに対し、中部はそれよりも短いパットを外したのである。18番パー5で岡藤がきっちりと3オンした時点で勝負あった。

ショートパンツにハイソックスを履いた逞しい体の岡藤が笑う。折り目のついた紺のスラックスに白いポロシャツでスリムな体の銀次郎にも爽やかな笑顔があった。敗れたとはいえ、全精力を使って粘り強いゴルフができた。もちろん、5番のOBと17番のショートパットに悔いがないといえば嘘になる。しかし、それは練習をしていけばいいこと。課題がわかっただけでも大きなことだった。

「肝心なところでOBが出たのは、ホーガンのスクエアグリップが完璧には自分のものになっていなかったということです。練習では上手く打てても試合では不安が少しでもあれば必ずそれが顔を出します。5番は左が狭く右が広く見えるホールで、安全に右を狙ったら、大きくスライスしてOBとなったのです。左を恐がらずにしっかりと球をつかまえて打てればOBにはならなかった。この1打で張り詰めていた緊張の糸が切れてしまった。痛恨の1打でした。そして、せっかくオールスクエアに戻したあとの17番で短いパットを外した。正直、岡藤さんに先に入れられて、それより短いパットは外すわけにはいかないと自分に重圧をかけてしまったのが敗因です」

この勝負を決する17番のパットを見ていた人によると、銀次郎は先に打つ岡藤のパットを直視できなかったという。それまでも岡藤が大事なパットをするとき、度々横を向いていた銀次郎がいた。入って欲しくないという思いが、目を逸らさざるを得ないことになったのである。そこには相手が入れることに対する恐怖心もあったのだ。

「中部銀次郎はマッチプレーに弱い」

それはこの日本アマで新聞記者たちが早くも作ったものだった。

銀次郎はこの日本アマのあと、犯したミスは練習して克服すればいいことだと思ったが、記者たちがつけたこのレッテルを気にしてしまう。銀次郎は気が弱く、それが弱点だと決めつけられたからである。

銀次郎は「マッチプレーに弱いのは馴れていないからだ」と反論したが、記者たちはその言い分に耳を貸さなかった。彼らは気の弱さの原因を、富豪の倅で何不自由なく育ったからだと決めつけたのである。ある意味嫉妬していたところもあるだろう。

ある新聞に次のような記事が掲載された。

「大洋漁業副社長の利三郎氏を父に持ち、春、慶大に落ちて目下浪人中で、金と暇があるのだからたまらない。他の選手は大会2、3日前にやってくるのに、10日も前から部屋代1日2千円もする観光ホテルに泊まって練習するご身分だ」

これを銀次郎本人はどんな気持ちで読んだのだろうか。好き好んで御曹司として生まれたわけではないし、暇だからゴルフをしているわけでは決してない。真剣にゴルフに打ち込んで、初めての日本アマに十分な準備をしようとしただけである。しかも新聞記者たちは試合中は皆笑顔で自分に近づき、話を聞いてくる。しかし、自分がいないところでは何を言われているのかもわからない。

銀次郎は小学生のときに味わった大人たちの表と裏を、この日本アマで再びマスコミというものに感じてしまったのである。

要諦 27

「不安が少しでもあれば試合でそれが出る。練習を積み、不安を解消しておくしかない」

世界アマでのアメリカ体験

日本アマが終わって受験勉強に精を出していた夏の終わり、銀次郎のもとに日本協会から日本代表として世界アマチュア選手権に出場して欲しいという依頼があった。来年の大学受験までにはまだ十分な日数がある。銀次郎は快諾した。

選手は4人。主将は銀次郎の長兄・一次郎と同年の金田武明。金田は早稲田大学を卒業後、オハイオ州立大学、メリーランド大学院に留学した英語も堪能な日本を代表するトップアマだ。競技生活を退いた後はビジネスマンとしても活躍し、コース設計も手がけている。他に1958年（昭和33年）の日本アマ優勝者であり、1961年（昭和36年）にも日本アマに優勝する当時最強のアマチュアである石本喜義、そして、この年の日本アマ優勝者で法政大学を卒業したばかりの田中誠。10代はもちろん銀次郎だけだ。

選手たちは日本チームの一員として、9月28日から10月1日までの4日間、アメリカはペンシルバニア州アードモアにあるメリオンゴルフクラブで世界の強豪チームと闘う。現地でたっぷりと練習を積むため、15日にハワイ経由の日航機で羽田空港を飛び立った。見送りには日本ゴルフ協会常務理事である小寺酉二、乾豊彦を始め、三好徳行、鍋島直泰、小栗市三といったベテラン、プロの林由郎ら100人もの人が駆けつけた。

銀次郎はじめ選手たちはブラウンのブレザーにベージュのスラックスという茶系のジャケットスタイル。日本協会のエンブレムが胸に光る。綺麗なお嬢さんにピンクのカーネーションを襟につけられ、純情青年の銀次郎は顔が赤くなった。デパート通いで鍛えたはずの恥ずかしがり屋も多くの見送りとマスコミの前では緊張せざるを得なかった。

「金田さんを始め、みんな兄貴のような気がしますので心強いです」

坊ちゃん刈りの銀次郎はハニカミながらそう答えるのが精一杯だった。しかし、そんな華やかな出発時には想像だにしなかったことを、この世界アマで思い知ることになろうとは、若き銀次郎にはまったく予想もしなかったのである。

メリオンゴルフクラブはメリオンクリケットクラブのメンバーで、スコットランド移民だったヒュー・ウィルソンが初めて設計したコースで1896年に開場している。広大な大地にゆったりと造られたコースは古き佳きアメリカを偲ばせる。スコティッシュスタイルのバンカーは「メリオンのホワイトフェース」と呼ばれ特長となっている。

メリオンゴルフクラブは開場以来、これまで全米ゴルフ協会主催のメジャー大会が19回も開催され、ボビー・ジョーンズが14歳のときに初めて全米アマに出場したときも、1924年に全米アマに初優勝を遂げたときも、そして1930年に全米アマを獲ってグランドスラムを達成したときもこのコースであった。

また、ベン・ホーガンが交通事故のあと、奇跡の復活を遂げて全米オープンに優勝したときもこのメリオンゴルフクラブだった。2013年にも全米オープンが開催され、ジャスティン・ローズが優勝した。ジャック・ニクラウスは「大地の中の大地」とこのコースを讃え、今も尚全米のベスト10に選ばれる名門中の名門コースである。

銀次郎にとってこのメリオンゴルフクラブで行われる世界アマは、人生初めての海外遠征であり、米国本土のゴルフコース挑戦でもあった。

全長は6694ヤードと記されていたが、この世界アマではティを後ろに下げ、これよりも200ヤード以上長くしていた。このために練習日から銀次郎たち日本チームはコースのスケールの大きさに驚き、起伏の激しくとても速いベントグリーンにも手こずった。そして、32カ国がこの舞台で鎬を削ったのである。

初日、日本チームは急病によるキャディの変更で主将の金田のショットが距離が合わずに83を叩き、石本が78、田中が76と頑張ったが、銀次郎は84を叩いてしまった。

「6番パー4で第3打のアプローチをカップの上1mに寄せたのですが、グリーンの速さを疎かにしてパットを打ったらカップをオーバーするどころか、加速がついてグリーンを飛び出し、池に転がり落ちてしまったのです。ショックのあまり顔が青冷めていたかもしれません」

銀次郎が育った門司ゴルフ倶楽部と下関ゴルフ倶楽部は今でも目がきつい重めの高麗グリーンである。当時の日本のグリーンはほとんどが高麗芝だった。ベントグリーンに戸惑うのは仕方がなかったといえよう。

要諦
28

「ゴルフは想定外の出来事が起こる。常に覚悟し、慌てることなく対処する」

羽田に帰国したときの金田主将の言葉を引用したい。

「優勝したアメリカはまるでプロ以上のプレーを見せるし、特にニクラウスはベン・ホーガンを負かすくらいの実力だ。日本チームは10位までにはとても入れそうもない状態。16位というところが実力相応だ」

負けた悔しさよりも実力の違いに清々しささえ感じられる会見だった。

銀次郎は何を思ったのだろうか。

「まったく敵わないと思いました。初めて出場した日本アマでメダリストになり、いい気になっていた自分が本当に愚かだと思いました。『井の中の蛙』でした。大海を知らない井戸の中の蛙。でも、それでいいではないかと思ったのです。世界はあまりに違いすぎる。ゴルフコースも体格もショットも何もかもスケールが違いすぎる。だから、それを目の前の目標にしても意味がないと思いました。まずは日本で一番になる。そのために何をするのかといえば、ひたすら練習するだけです。そして、小さな自分の体を補うにはロングアイアンに長けること。それをこのメリオンの世界アマで痛感しました」

要諦29

「上には上がいる。自分を見つめ、階段を一つずつ上っていくしかないのだ」

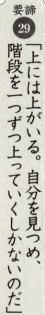

ボビー・ジョーンズのサイン

銀次郎はこの世界アマで思いがけない思い出を作ることができた。それはゴルフを始めた小学生の頃から父・利三郎から聞かさせてきた偉大なゴルファー、ボビー・ジョーンズに出会えたことである。父、利三郎は言っていた。

「アメリカに世界一上手いアマチュアゴルファーがいる。プロよりも強いアマチュアだ。その人はグランドスラムを達成したボビー・ジョーンズだ」

ジョーンズは過去、メリオンゴルフクラブでグランドスラムを達成したが、この世界アマが行われた1960年が30周年に当たることから来場していた。世界アマが終了したその日に、11番ホールに建立されたグランドスラム達成30周年の記念碑の除幕式があった。銀次郎もその式典に参列。そしてその後で、多くの人とともにジョーンズからサインをもらうため、列に並んだのだ。

クラブハウスのディナールームの奥で、椅子に腰掛けたジョーンズが机に向かって小さなペンを動かしていた。ようやく銀次郎の番が回ってきた。椅子と思ったものは実は車椅子だった。脊髄の中が空洞になるという難病を患っていて、歩くことさえままならなかったのだ。

銀次郎はメリオンゴルフクラブのコース図を差し出した。世界アマに出場した記念に、そのコースのイラストにサインをしてもらおうと思ったのだ。

「私がコースの描かれたイラストを差し出すと、ジョーンズはじろりと私を見上げました。その目は大きくて鋭く、瞬間、私は息が止まりました。ゆっくり視線をコース図に落とすと、その余白にサインをしてくれました。ペンを置くと、右手を私の前に差し出したのです。私は咄嗟に右手をズボンにこすりつけ、汗を拭いてからジョーンズの右手を握りました。そのとき、なぜだかわからないのですが、涙が込み上げてきてしまったのです」

銀次郎はゴルフの頂点を極めて潔く引退した偉大な人が、30年後に車椅子の生活を余儀なくされていることに、ゴルフ人として深い悲しみを感じてしまったのだ。大好きなゴルフができなくなってしまった人生に。

ジョーンズはこのときまだ57歳だった。しかし、年齢よりも遥かに老人だった。そしてそれから11年後の68歳でこの世を去るのである。

18歳の銀次郎はそれから何十年も経ったあとで、日本のボビー・ジョーンズと喩えられるとは、このときは夢にも思っていない。もちろん、ジョーンズと同じように生涯アマチュアで通すことになるということも、考えることさえなかったのである。

要諦 30

「いくら偉大でも、健康でなければゴルフはできない。スコアよりも大切なことは健康な体でいることだ」

第3章

甲南大学時代前期

2回戦ボーイから日本アマ初優勝へ

試練の大学1年

1961年（昭和36年）春、銀次郎は甲南大学に入った。祖父の幾次郎が兵庫県明石の生まれで、明石は大洋漁業の発祥地であったこともあり、甲南大のある神戸は馴染みのある地であった。また、父・利三郎が兵庫県三木市にある廣野ゴルフ倶楽部の会員でもあったことから、銀次郎も子供の頃からしばしばプレーしていて大変に気に入っていた。

廣野ゴルフ倶楽部は1932年（昭和7年）に開場した日本屈指の名コースである。英国の名設計家であるチャールズ・アリソンが神戸財界の有志の依頼で渾身を込めて設計したコースとして知られ、豊かな樹木と多くの池と、アリソンバンカーと呼ばれる深いバンカーを擁するダイナミックな戦略コースである。日本オープンや日本アマなどビッグトーナメントも数多く開催され、銀次郎は下関西高2年のときに、この廣野ゴルフ倶楽部で関西アマに出場している。

銀次郎は甲南大に入るとともに、廣野ゴルフ倶楽部の会員にもなった。よって大学の団体練習のほかに、廣野ゴルフ倶楽部で個人練習に精を出していた。住まいは須磨にある親戚、安居院家に下宿していた。そこから赤いGMのスポーツカーを運転して大学に通っていた。車の運転は浪人時代に下関でもしていて、受験勉強で頭が疲れると夜中に車を走らせて海や山へ行っていた。気持ちが落ち着くからだった。

甲南大は大学日本一を決める信夫杯争奪全日本大学対抗ゴルフ競技会に、過去6回のうち第1回を含め4回も優勝している強豪校である。入学年の3年前の日本アマを制し、銀次郎とともに世界アマに行った石本喜義は甲南大の先輩となる。

強豪校故に練習も厳しかった。銀次郎は部内でも抜群の技量を備えていたが、他の1年生と分け隔てなくトレーニングをさせられた。それは50人もいる部員を減らすためだった。毎日六甲山の麓まで何10㎞と走る。神社の境内の階段をダッシュで走り昇る。5番アイアンを持って、何百回と手首で上下運動するリスト強化。地面に線を引いてこれまた何百回と土を打つ素振り。ソールの「5」の数字が消えるまで打たされる。手の平の皮が剝け、ヨウチンやアカチンをその皮の中に流し込む。顔が歪むほどの痛さだった。こうしたシゴキは坊ちゃん育ちの銀次郎にとって初めての体験だったに違いない。しかし、負けず嫌いの銀次郎は涼しい顔で耐えたのだ。

体力強化に泣き言を吐かなかったのは、浪人中の日本アマに出場して体力のなさからミスを犯してしまったことを情けなく感じたからである。また、世界アマではニクラウスなど外国勢の底知れない体力を間近で見て、肉体強化に努めなければならないことを痛感したのだ。そして、学生の試合では暑い夏にもキャディバッグを担いで4日間、毎日36ホールを回らなければならないからである。

「ドライバーを目一杯振ってもぐらつかず、結果ドライバーショットが曲がらない下半身が絶対に必要でした。そのためなら、毎日何10㎞走ることも神社の階段ダッシュも苦に思うことはなかったですね」

こうして迎えた大学1年のときの最初の大きな大会が日本アマであった。浪人時代にメダリストとなりながら準決勝で敗れ去った苦い思い出。その雪辱を果たしたいと銀次郎は燃えていた。

要諦31

「地面に線を引き、ひたすらそれを打つ。線から先の土が取れればよいスイング」

2度目の日本アマ

1961年（昭和36年）の日本アマは6月半ば、茨城県の大洗ゴルフ倶楽部で行われた。太平洋に面した大洗海岸沿いに名匠・井上誠一が精力を傾けて設計した難攻不落とも言える名コースである。

防風林となっていた黒松の松林が各ホールをセパレートしているが、ドライバーショットが曲がればその深い松林に転がり込む。密生しているだけに入れるのは簡単だが、脱出するのは難しい。しかもラフは長く草の勢いは強い。さらに7190ヤード・パー72と距離はたっぷりとある。正確で飛距離のあるドライバーショットが勝利するためには必要だった。

銀次郎は第1日目の予選36ホールを152ストロークでホールアウトし、49歳の麻生義太賀とメダリストになった。麻生義太賀は麻生太郎元首相の父・麻生太賀吉の従兄に当たる人物。銀次郎は2ラウンド目の13番で黒松に2度も当ててトリプルを叩くも2年連続のメダリストとなった。

後に「林に入れたら潔くフェアウェイに出すだけ」と言う銀次郎も、血気盛んな19歳のときには果敢に木々の隙間を狙っていることがわかる。マッチプレーならばギャンブルを犯し大叩きをしてもその1ホールを落とすだけである。しかし、ストロークプレーでは一気に優勝争いから脱落してしまう。取り返しのつかないことになるのだ。このとき銀次郎は幸いにもメダリストになれたが、隙間を狙うギャンブルは決して懸命なプレーとは言えない。

とはいえ、予選を終え、翌日からの上位16人による決勝トーナメントは長兄の一次郎と次兄の幸次郎も加わり、中部3兄弟の戦いぶりに世間の注目が集まった。

その2日目午前の18ホールの本戦1回戦で、銀次郎は中川好王に1アップで勝利、しかし一次郎は石本喜義に3エンド2で敗れ、幸次郎も金田武明に4エンド3で敗れてしまった。このため午後の2回戦で兄2人は銀次郎の応援に回り、銀次郎は幸次郎を破った金田武明を前半リードされながらも後半に追い上げ、3エンド2で仇を討ったのである。金田は追いすがる銀次郎を振り切ろうとしてからショットが乱れ、深い黒松林の餌食になってしまったのだ。

3日目の36ホールとなる準決勝は銀次郎のショットが機械のように精巧となり、昨年の日本アマで辛勝した冨田浩安を7エンド6という大差で打ち破った。

4日目の決勝は甲南大の先輩で当時最強と謳われた石本喜義。1回戦で一次郎を負かしているだけに仇討ちをしたいところである。その一次郎戦では、石本が、245ヤードと長く、しかも海へ向かう逆風という至難の名物ホール、16番のパー3でピン1mに乗せる見事なバーディを奪い、白熱した大接戦の勝利を決定づけている。また準決勝では、巧みなアプローチとロングパットを続け様に決めて、銀次郎の甲南大1年先輩となる吉川隆之を突き放している。

銀次郎は決勝戦の前に語っている。

「今日の冨田さんは調子を狂わしていたので、僕は各ホール、パーを目標にプレーしていけば勝てると思いました。実際にそうなったわけですが、決勝戦では石本さんが今日のようにバーディをどんどん取るようだととても歯が立ちません。力一杯やるだけです」

要諦32

「ストロークプレーはギャンブル厳禁。林に入れたら、潔く横に出すだけ」

日本アマ決勝戦

日本アマ最終日となる4日目の決勝は前日の準決勝同様、36ホールの長丁場である。この日はそれまでの好天とは打って変わって雨が降り風が吹く悪コンディション。1番こそ両者パーで分けたが、2番で銀次郎が50㎝のパーパットを外してボギーとしてこのホールを落とすと、石本が一気に攻め立てた。

石本は3番でアプローチを70㎝に寄せて取ると、4番では9mのバーディパットを沈め、5番も2mのバーディパットを、6番も5mを沈めて立て続けに5ホールを連取、風雨をものともしない気迫溢れるプレーで5アップとした。7番で銀次郎が1つ返すが8番ですぐにとられ、9番を分けてアウトの9ホールは石本の5アップと大きくリードした。

インに入って銀次郎が10番、11番を取って流れを引き寄せるが、16番で80㎝の短いパットを外して痛恨のボギー。自らのミスで流れを手放してしまう。18番では右の松林に入れてしまい、石本の変わらぬ5アップで第1ラウンドを終了した。

午後の第2ラウンドは雨が止んで薄日が差し、銀次郎の反撃が期待された。休息が入るとプレーが変わる。石本は1番ホールでいきなり第2打を林に入れ、ロストとなりギブアップ。石本は3番でも松林に入れ、グリーンを狙うも松の枝に当たってギブアップ。その差は3打と縮まった。

流れは一気に銀次郎に傾いたが、4番でまたしても50㎝の短いパットを外したのだ。意気消沈する銀次郎。息を吹き返した石本は7番で7mのバーディパットを沈めて4アップ、その後は2ホールずつ取り合って、遂に15番ホールで4エンド3となり、石本が銀次郎を下したのである。

結果だけ見ると、石本が序盤のリードを保って勝ったように見える。しかし、銀次郎には何度か追いつける反撃のチャンスがあったのだ。石本がドライバーショットを曲げて松林に入れることも多く、その度にギブアップとなった。それなのに銀次郎は自分に向いたその流れをなんでもないショートパットを外して断ち切ってしまった。しかも後半は自分もドライバーショットを曲げたり、トップのミスが出るなど、石本に付き合ってしまい、敗北したのである。

2度目の日本アマ優勝を成し遂げた石本は次のように語っている。

「本大会で苦しかったのは1回戦の中部一次郎さんと準決勝の吉川隆之くんとの対戦でした。優勝できたのは、大会が始まる5日前に大洗に来て練習をたっぷりと積んだからでしょう。何せ、最初のラウンドは85回だったのです。難しいコースだと思いましたが、自分なりの攻略の仕方を考えることができたのがよかったと思います」

この言葉から銀次郎との決勝戦が、一次郎や吉川との対戦より楽だったことが伺える。銀次郎がいい流れを自らのパットミスで寸断してしまったり、自分がミスしたときに同様に付き合ってくれるといったことがあったからに違いない。苦しいときに楽をさせてもらえる選手だったということなのだ。石本にとって、銀次郎はまだまだ詰めの甘いゴルファーと映ったに違いない。

「銀次郎くんは技術的には申し分ありません。あとは試合経験を積むことでしょう」

表彰式で石本は優勝カップを高々と掲げた。カップを支える3本の柄がクラブを模したデザインの栄えある日本アマのカップである。石本の笑顔の傍らで、銀次郎も笑顔だった。負けてよしとする銀次郎の人のよさは、ことゴルフの、それもマッチプレーにおける勝負所の弱さとなって表れてしまったのかもしれない。

要諦 33

「相手がミスをしたときに自分もミスをする。ミスにつきあっては勝つことはできない」

優勝できないメダリスト

銀次郎、大学1年の次の大きな試合は8月1日から行われた関西学生ゴルフ選手権であった。奈良国際ゴルフ倶楽部で行われたが、銀次郎はこの大会でもメダリストになりながらマッチプレーの決勝トーナメントで敗れ去った。1回戦は甲南大先輩の横浜正毅を4エンド3で下したものの、2回戦で関西学院大学の広瀬義兼に1ダウンで敗れてしまうのだ。

続いて8月28日から日本学生選手権が埼玉県の名門ゴルフ場、武蔵カンツリー倶楽部笹井コースで行われた。銀次郎はここでもメダリストとなる。

「ドライバーが当たりすぎて、フェアウェイを突き抜けてしまうこともありました」

その言葉通り、銀次郎絶好調に思えたが、決勝トーナメントでは1回戦で大阪商大の寺本昭洋を1アップで下したものの、2回戦で明治大の小室秀夫に3エンド2で負け、大会から消え去ってしまうのである。

「中部銀次郎はマッチプレーに弱い」

浪人中に新聞記者によってつけられたレッテルは、いよいよ銀次郎に重くのしかかっていった。それはミスショットにつきあってしまう人のよさが改善されないことでもあった。

9月27日から行われた関西アマチュア選手権は銀次郎が所属する廣野ゴルフ倶楽部で行われた。今度こそ優勝だと、銀次郎は秘めた思いを熱くしていたに違いない。そして、予選は銀次郎が石本喜義を上回るスコアでメダリストになったのだ。銀次郎はその自信を胸に決勝トーナメントに臨んだ。1回戦は長兄一次郎との対戦だったが2エンド1で勝利する。ところがまたしても2回戦で宝塚カンツリー倶楽部のベテラン、大橋貞吉に延長20ホールの末に敗れてしまったのだった。

銀次郎には新たなニックネームがついた。

「2回戦ボーイ」

関西学生、日本学生、そして関西学生、いずれも決勝トーナメントの2回戦で敗退。弱いボクサーにつけられる屈辱の呼び名、「2回戦ボーイ」と呼ばれてしまったのだ。勝負を決める重要な場面で、簡単に入るはずのショートパットを外してしまう。ミスショットにつきあうことといい、精神的な脆さが露呈していた。

そして、秋も深まった11月に信夫杯大学対抗ゴルフ選手権が箱根カンツリー倶楽部で行われ、甲南大は主将の荻田明穂が関西学生2位と実力があり、他に中山一雄、2年の吉川隆之に1年の銀次郎が加わって4連覇は間違いないと言われていた。しかし、慶応大が銀次郎の兄・幸次郎の大活躍もあって圧勝したのである。

引き続き箱根カンツリーで朝日杯争奪全日本学生ゴルフ選手権が行われた。銀次郎得意のストロークプレーで争われる大会だったが、銀次郎は36ホールの後半にショットが乱れ、首位の関西学院・上田靖彦に僅か2打及ばず2位タイで終えたのである。

こうして、銀次郎の大学1年のゴルフ競技が終わった。手に入れたものは首にかけるメダルだけ。優勝カップは一度も抱くことはできなかったのである。

要諦 34 「いくらよいショットを放ってもショートパットを外しては勝てない」

相手は一発で入れてくる

春の日本アマに敗れたときには課題は明白に思えた。ショットをより正確に打つこと、ショートパットを外さないこと。それは練習によって克服できるはずだし、そうなれば優勝は時間の問題に思えた。

しかし、ストロークプレーではナンバーワンでも、マッチプレーになると脆いという事実が積み重なるにつれ、ショットの乱れとショートパットのミスは技術的な問題よりも精神的な課題となり、考えれば考えるほど深みにはまるやっかいな悩みとなった。

銀次郎はまず何としても簡単なパットのミスをなくしたいと考えた。誰もが入ると思えるパットをミスすると、ゴルフのリズムや勢い、流れまでが変わってしまうからだ。

いろいろな人に意見を求めた。ところが、返ってくる言葉のほとんどは美空ひばりの「柔」

の歌である。

「勝つと思うな、思えば負けよ」

しかし、誰が試合に出て勝ちたくないなどと思えよう。勝利を望むから闘志も湧いてくるわけだし、粘り強く戦うこともできる。しかしまた、勝ちたいと思えば相手のプレーに一喜一憂してしまい、動揺することも事実である。ならばどんな気持ちで戦えばよいのか。

すると大学1年のシーズンが終わった頃に、廣野ゴルフ倶楽部の所属プロである石井哲雄から貴重なアドバイスをもらったのだ。石井は伊豆の川奈の生まれで、後にいずれも日本のプロゴルフ界の重鎮となる石井3兄弟の長兄であり、流麗なワンピースのモダンスイングで1951年（昭和26年）の日本プロなど多くの優勝を成し遂げた名選手である。マッチプレーも百戦錬磨。そんな石井の言葉とは次の一言だった。

「ホールマッチでは、相手がグリーンに乗せたら、一つで入ると思え」

何だ、そんなことか、と思うなかれ。ゴルファーならわかると思うが、マッチプレーでは誰もが相手のミスを望んでしまう。それが人間だからだ。弱い弱い人間だからなのだ。銀次郎とて同じだった。石井の言葉はそれを戒めたものだ。

相手のパットがたとえ20mのロングパットでも一発で沈めてくると思えばいい。そう思えば入っても当たり前でショックはない。それを3パットしてくれないかと思っていてはがっかりするばかりである。50cmのパットも外してくれ、3mのパットでも3パットしてくれと願うようではとても勝てないと、石井は銀次郎に諭したのだ。

「ショックを受けないように、前もって心の準備をしておけということです」

中部は心の目を開かされた思いだった。

そして、それはパットだけのことではなかった。相手が林に入れたときにもきっちりとリカバリーしてくるに違いない。ラフに入れてもそこからグリーンをとらえてくるに違いない。バンカーに入れてもピンに寄せてくるに違いない。相手がピンチと思える状況からでも起死回生の一発はあると、心の準備をしておくことである。

このことを筆者は1977年のターンベリーで行われた全英オープンで、トム・ワトソンが帝王ジャック・ニクラウスと演じた死闘を思い出す。両者互いに一歩も譲らず、17番でようやくワトソンがバーディを奪って1打リードして大詰めの18番最終ホールを迎える。ワトソンはティショットをアイアンで安全にフェアウェイにキープするが、後がないニクラウスはドライバーで渾身のショットを放つが、これがなんと深いブッシュの中に入ってしまうのだ。

誰もが万事窮すと思った。ところがセカンド地点に向かうワトソンは「ジャックは必ず乗せてくる、ジャックは絶対に乗せてくる」と呟きながら歩いていた。そして、その通り、ニクラウスは膝まであるヒースの中からグリーンをとらえたのである。ピンまで10mはあったが、大歓声がギャラリーから巻き上がる。しかし、それを見ても乗せて当然と思っていたワトソンは冷静にセカンドショットを放ってピン1mにつけたのだ。

ところがドラマはまだ終わらなかった。ニクラウスはその10mを見事にぶち込んでバーディ。しかしワトソンはここでも「ニクラウスは入れてくる」と思っていたのだ。こうして冷静に自分も1mを沈めて優勝したのである。ワトソンはこの勝利で新帝王と呼ばれることになる。

銀次郎は後に振り返る。

「私がマッチプレーにどんどん勝てるようになったのは、この石井プロの言葉のお陰といっても過言ではありません」

要諦35
「相手はピンチから起死回生のショットを放ち、グリーンのどこからでも一発で入れてくるものと思え」

4の0でもパーはパー

銀次郎にとって大きな言葉は石井のものだけではなかった。大学2年になった頃、当時霞ヶ関カンツリー倶楽部に所属していた藤井義将から聞かされた話がある。藤井は北九州の生まれで広いスタンスから魂を込めたショットに定評があり、1971年（昭和46年）に42歳で日本オープンに優勝し、「玄界の荒法師」の異名を取るプロである。

しかし銀次郎が大学1年の1961年（昭和36年）当時は藤井も「万年2位」と陰口を叩かれるほど、2位にはなれても優勝がなかった。つまり藤井も銀次郎と同じ悩みを抱えていたのである。そんな藤井と東京にいた兄たちが懇意だったこともあり、銀次郎は「どうすれば勝てるか」を聞きに行ったというわけだ。

藤井の言葉は衝撃的だった。それは次の一言だった。

「パー4のパーは2オン2パットだけではない。3オン1パットもパー。4オン0パットでも同じパーだ」

この当たり前のことが、それまでの銀次郎にはわかっていなかった。銀次郎はパーはパーオンしてこそ本当のパーであると思っていたのだ。確かにそれは理想的なパーであり、正当で完璧なパーのように思える。ところがスコアカードにはただ「4」と書くだけである。正当だろうが偶然だろうが、3オン1パットでも4打目がチップインでも「4」としかスコアカードには表記されないのだ。

綺麗なパーも汚いパーもないのである。後に銀次郎の心の友となる青木功の名言「ゴルフはあがってなんぼ」である。スコアはそれまでの過程など関係がない。数字こそが事実であり、その積み重ねがスコアなのだ。

ショットメーカーは完璧なショットを求めるものだが、銀次郎も同様でそれが弱点でもあった。ショットが曲がる青木はショットが悪かろうがパーなら同じだと思っている。時折顔を見せるダックフックに悩んでいた藤井も同様だった。

銀次郎は思い返す。

「これまでの私はいつでも完璧なショットを放って完璧なパーを取りたいと思っていました。だからミスに対しての許容というものがありませんでした。ショットで少しでもミスをするとがっかりします。ティショットがラフに入る、セカンドショットでグリーンをこぼす。それだけでも気分が悪くなって腐ってしまうのです。それこそティショットが林に入ったらもうダメだと思っていました。しかし、藤井プロから話を聞いて、ミスをしてもまだまだパーが取れ、そうしたゴルフを目指さなければ勝てないことを知りました」

ショットは完璧でなくていいと思えてから銀次郎にゆとりが生まれた。1度や2度のミスがあっても、1回のナイスショットやナイスパットがあればパーで上がれるチャンスは十分にある。たとえ林に入れるような大きなミスがあっても、無理矢理隙間を狙って枝に当てては取り返しがつかないことにもなるが、安全に横に出すとしてもどこに出せば次のショットがピンそばにつけられるかがわかっていれば、十分にパーが取れるのである。

要諦36 「パーは2オン2パットだけじゃない。3オン1パットも4オン0パットでもパーである」

オールドマンパー

銀次郎はゴルフが持つ数字の真意を知るようになった。

「パーの4には3・1から4・9までの4があります。とても幅広いものなのです。限りなく5になりそうでも4にすることができるのです。それを考えて落ち着いてプレーすることです。だから、3打目までは何があっても構わない。4打目に、できるだけ5にならないように全力を尽くせばいいんです」

銀次郎はこうして石井と藤井という酸いも甘いも知った名うての勝負師たちから、勝負の大事な機微を教えてもらったのだ。そしてその教えは、自分が幼い頃から本を読んで学んでいた偉大なゴルファーが語った言葉の真意ではないかと悟ったのである。それはボビー・ジョーンズの「オールドマンパー」という考え方である。

ボビー・ジョーンズは14歳で全米アマチュア選手権に初出場して以来、21歳までメジャータイトルを獲れなかった。彼もまた銀次郎と同様にメダリストになれてもマッチプレーでは弱かった選手だったのだ。しかし、1923年に全米オープンに勝って以来、破竹の勢いでタイトルを奪取していく。ジョーンズは言ったものだ。

「私は『オールドマンパー』、つまりパーおじさんを相手にするようになってから、どんどん勝てるようになったのです」

それはたとえマッチプレーといえども、対戦相手は眼前の敵ではなく、自分にあるということであり、パーおじさんはもうひとりの自分であるということなのだ。故に相手のプレーに翻弄されることなく、もうひとりの自分に負けないように、自分のプレーに集中してそれに徹せよということである。

それとともにストロークプレーでは、戦う相手は常にコースであるということも意味している。コースというパーおじさんを相手に、常にパープレーで回ることを考えよということである。

戦う相手は自分であるというのは石井の言葉に匹敵する。相手がコースだというのは藤井の言葉と同意である。それをボビー・ジョーンズは「オールドマンパー」という一言で表したのだ。世界アマでサインをもらったボビー・ジョーンズは、銀次郎の心の中で大きな柱となって彼を支えることになる。

ジョーンズは次のようにも言ったものだ。

「私は勝った試合から得たものは何もない。負けた試合から多くのことを学んだのだ」

そのことは銀次郎にとってもまったく同じだった。

要諦 37

「戦う相手は眼前の敵でなくもうひとりの自分。コースというパーおじさんを相手に戦うのだ」

スクラップブックに誓った汚名返上

1962年（昭和37年）、銀次郎の大学2年目のシーズンが始まった。冬の間にしっかりと走り込み、ダンベルで筋力トレーニングも積んだ。足腰を鍛えるだけでなく、腕力も鍛えて、さらに正確性と飛距離をアップ。弱点のパッティングも猛練習を行い、正確なストロークが常にできるように準備した。

新調したスクラップブックに、銀次郎は次の言葉を英文で書き込んだ。

〈I'll wish to do my best in this year!! I hope I'll win in many tournaments. Play with a belief. Effort, make effort.〉（原文ママ）

今年はベストを尽くし、多くの試合に勝つ。努力を怠らず、自らを信じてプレーせよ。

大変な意気込みである。石井と藤井という2人のプロの貴重な教えもあり、このシーズンこそ、「メダリストの2回戦ボーイ」の汚名は返上しようと固く誓っていたのだ。

こうして、まず銀次郎は西宮カントリークラブで行われた関西オープンでベストアマになった。優勝は廣野ゴルフ倶楽部所属の橘田規だった。銀次郎は橘田と一緒に回ることができ、スコアをまとめる技術の巧みを思い知った。ショット自体は自分とあまり差がないと思えたが、スコアは橘田の140ストロークに対し、152ストロークと2ラウンドで12打も差をつけられた。

「スコアは出すものではない。まとめるものだ」

ショットはただよいだけではビッグスコアにならない。よい上に攻略法を考えた上でその青写真のとおりに攻めていく。しかもアプローチとパットという小技でチャンスをものにし、ピンチを凌いでいく。橘田には差をつけられたが、パットに自信がついてきた銀次郎には「まとめる」こともできる気がしていた。

優勝カップを抱く橘田とメダルを手にする銀次郎の記念写真がある。銀次郎は笑いながらも目がカップに向いている。その写真に銀次郎自ら矢印を引いて、次のように書いている。

「優勝カップが欲しい」

それは強烈な思いであった。

その頃、銀次郎は当時最強のプロ、中村寅吉からもアドバイスを受けていた。それもまた、日本アマに向けて重要な話であった。中村は銀次郎に言った。

「スコアは9ホールずつでまとめるが、プレーヤーは9ホールでプレーを区切らないほうがいい。9ホールで区切るとプレーが窮屈になる。たとえばハンデ6の人間なら、9ホールだと3つしかボギーを叩けないが、18ホールなら6つのボギーが許される。だからしょっぱなにボギーを連続で2つ打っても慌てることは何もない。あと4つも打てると考えればいいのだ。36ホールプレーならあと10個もボギーが打てるのだ。そう思っていれば焦ることは決してなく、ゆったり構えてプレーしていけばよい」

スコアカードは9ホールごとにスコアをまとめる。だからどうしても9ホールに区切ってゴルフを考えがちである。しかし、試合は9ホールごとで勝負を決するわけではないのだ。18ホールや36ホールで争われるのであれば、全体の流れを読みながらじっくりとプレーしていけばよいのである。

陸上競技に喩えれば、ゴルフは100m走ではないのである。18ホールならば3時間もかけてやるのだから、さしずめマラソンである。1つや2つミスがあっても続いても、いくらでも取り返せるということである。だから決して試合を投げてはいけないのだ。

ゴルフは、粘り強さが勝利を引き寄せることのできるスポーツなのである。

要諦38

「ゴルフはマラソンと一緒の長丁場。最後まで粘り、決して諦めてはいけない」

日本アマ3度目の正直

こうして、例年の梅雨の最中に、銀次郎が最も獲りたいタイトルである日本アマが廣野ゴルフ倶楽部で始まった。廣野は銀次郎が会員のゴルフコースゆえ、隅々まで知り抜いている。普通に考えれば有利に思えるが、チャールズ・アリソン設計の至難のコースは攻めるべきか守るべきかで非常に迷うケースが多い。

「敢然と決断してから打つこと」

銀次郎は覚悟した。攻めるにしても守るにしても、勇気を試される勝負になることは間違いなかった。

7月4日に36ホールの予選が行われた。ところがこの日は梅雨のしとしと雨ではなく豪雨がコースを襲ったため、1ラウンドしか消化できず、大会史上初めて翌日に残りの1ラウンドが持ち越されたが、その日も雨が振り続けた。銀次郎は初日に80を叩き、2日目も77だったが、ライバルたちが銀次郎以上にスコアを崩したため、3年連続のメダリストになった。佐藤儀一、鍋島直泰に次ぐ3人目の偉業で、獲得したメダルはこれを合わせて9個となったが、少しも嬉しくはなかった。

「雨の中で77はよいスコアですね」の記者の質問に「よくないですよ」と素っ気ない。メダルなどより欲しいのは優勝カップしかなかったからだ。

決勝トーナメントの1回戦は強敵、石本喜義に決まった。兄の一次郎はいきなり難しい相手に当たったと気もそぞろだったが、優勝しか見据えていない銀次郎には誰が相手でも同じだった。それに昨年の決勝で負けているだけに、なんとしても雪辱したかった。

銀次郎は勝つための作戦を考えた。昨年、石本に敗れた原因は序盤で一気に5ホールを連取されたことにあった。今回は何としてもそれを封じ込めなければならないと考えた。それには廣野のスタートホール、1番パー5を取る必要があった。なぜなら、2番と3番を銀次郎は苦手としていたからだ。となれば、1番はバーディしかなかった。

「この1番を落とすようなことがあれば、立て続けに落とすことにもなりかねない。しかしここを取れば序盤を互角に戦える。勝負はスタートにあり。すべてをそこに賭けました」

果たして銀次郎はその1番で2mのバーディパットを入れ、パーの石本に1アップ。苦手な2番と3番を分けると、流れは一気に銀次郎に。6番、7番、8番と連続して取ってアウトを4アップ。インに入ると石本が挽回しようとパットを強気に打つが、これが入らずに3パットを呼んだりして、1ホールも挽回できずに13番ホールで決着がついてしまっ

た。銀次郎の圧勝だった。

午後の2回戦は甲南大の1年先輩の吉川隆之。銀次郎と同じ廣野ゴルフ倶楽部のメンバーでこのコースを得意としている。予選でも銀次郎はプレー後に真っ先に吉川のスコアを聞くほど気になっている相手だ。

銀次郎は青写真どおりのプレーで石本を破って自信がついたのか、リラックスもできて絶好調。14番までに3アップとして楽勝に思えたが、15、16番でティショットを引っ掛けて左ラフに入れてその差は1つ。ドーミーホールとなった17番で吉川が3mを入れ、銀次郎にプレッシャーをかけたものの、2mを慎重に入れ返して粘る吉川を振り切った。

マッチプレーでのパットミスもなくなった銀次郎だが、なんと言っても周囲を驚かせたのはショットである。正確さにパワーが加わったのだ。昨年より5cmも身長が伸びて172cmとなった銀次郎は、足腰の強靭な粘り強さもあってドライバーショットは270ヤードを飛ばした。低い弾丸ライナーで石本には終始20～30ヤードをアウトドライブした。吉川にもショットの迫力で圧倒したと言ってよい。

銀次郎の飛距離はさほどではなかったという話が多いが、それは晩年の銀次郎の姿であり、謙遜してのことだったのだろう。また人を指導する立場になって、「まずは飛ばしよりも正確性を重んじよ」と教えていたことからも、そういう定説になったに違いない。しかし、大学時代の広いスタンスから全身をバネのように使ったダイナミックなスイングは、まさに「飛ばし命」である。スコアだけでなく、飛ばしでも他人に負けたくなかったに違いないのだ。

要諦39 「ドライバーショットで相手を圧倒できれば勝負は楽に展開できる」

球質の見極め

準決勝は関東の雄、広瀬義兼が対戦相手となった。強豪同士の対決で事実上の決勝戦といわれ、確実さの中部か、しぶとさの広瀬かと注目のカードとなった。

前半から息詰まるような接戦が続き、銀次郎が4番でバーディを奪えば、7番で広瀬が返す。再び8番で銀次郎がバーディを奪えば10番で広瀬がバーディ。11番で銀次郎が取ると14番は広瀬。17番で銀次郎が取って1アップで18ホールを終える。突き放したい銀次郎を広瀬が2～3mの難しいパットを沈め、ショットの荒さをカバーしてしまうのだ。

午後のラウンドに入ると広瀬が攻撃に転じ、1番でアプローチを70cmに寄せてバーディ、3番では銀次郎が3パットして、この日初めて広瀬がリードを奪う。しかし6番と7番で銀次郎がラフから絶妙のアプローチでピンにOKにつけてバーディを奪って逆転。ところが9番で再び3パットを犯して並んでしまうのだ。

最終ハーフは10番で広瀬がダフってボギー、12番では銀次郎がまたしても3パット。13番でもボギーとして広瀬が1つリードする。流れは広瀬に傾いているように見え、しかも広瀬はマッチプレーに強い。ところが広瀬が15番でアプローチをミスしてボギーとし、16番で銀次郎が3パットするも、広瀬も60cmを外してこのホールを銀次郎がものにする。結局この広瀬のパットが痛恨の1打となって銀次郎が辛勝するのである。

銀次郎はぎりぎりの勝利であったにもかかわらず、この勝利で大きな自信をつかんでしまう。

「広瀬さんにやっとのことで勝つことができましたが、ここまで勝ち上がって来れたのは、日本アマの前から球質というものがわかるようになってきたことが大きいと思います。自分がどんなときにミスを出すのかを分析して、それが起きないように練習していたのですが、そのときに球質に目が行くようになったのです。要するにスピンです。こうした傾斜からはこんなスピンがかかりやすい、ラフからはこんなふうにスピンがかからなくなるといったようなことです。こうしたことから風や雨にも対処できるようになりました。また、相手の球質を見極めることで相手のミスが読めるようにもなったのです。最初はよくてもそのうち大きく曲げるなとか。なので、じっくりと攻めることができるようになりました」

要諦40 「球質やスピンがわかるようになってワンランク上のレベルになれる」

日本アマ最年少優勝

広瀬との経験はこれ以降、銀次郎に数々の勝利をもたらすことになる。相手をリードして試合を運ぶより、相手の様子を窺いながらぴったりとついていって、最後に逆転するという戦い方ができるようになったのだ。相手について行くほうが、体力や精神力を温存できるから楽に勝てる。試合巧者の銀次郎ができあがってくるのだ。

決勝戦の相手は連戦の疲れが出たベテランの深浦弘を8エンド7で下した冨田浩安。慶応大の冨田は気の優しいクリスチャン。ショットも繊細ならパットも繊細だった。波に乗る銀次郎のパワフルなショットに終始押され気味だったが、巧みなパットで応戦し、前半の18ホールは銀次郎の僅か1アップだった。

後半の18ホールも冨田は巧みなパットで銀次郎に立ち向かう。10番から3連続で獲り、特に11番は10m、12番も4mを沈めてバーディを奪ったのは素晴らしかった。しかし、そこから冨田のスタミナが徐々に切れ始める。13番から連続3ホールを銀次郎が奪ったことで、健闘空しく33ホール目で力尽きてしまった。

冨田の最後のパットをしっかりと見つめる銀次郎。もはや目を逸らすようなことはまったくなかった。5mのパットだったが、一発で入っても構わない。次のホールにだって行こうという気構えが顔に出ていた。勝負強くなった銀次郎がそこにいた。

3度目の正直で遂に日本アマのチャンピオンとなった銀次郎。最も欲しかった優勝カップを抱えた嬉しさは隠せない。日本アマ史上最年少チャンピオンの誕生である。甲南大の仲間たちが祝福する。廣野ゴルフ倶楽部のメンバーが握手を求める。倶楽部のプロである石井哲雄も銀次郎の苦悩ぶりを知っているだけに目頭が熱い。橘田規も笑顔で銀次郎を迎える。

表彰式の後、記者たちが銀次郎を囲んだ。

「勝因は？」と聞かれ「家に帰ってからゆっくり考えます」

「ガールフレンドは？」「たくさんいすぎて困っています」

こうした記者とのやりとりにも成長した銀次郎がそこにいた。女の子のことはともかく、勝因に関してははっきりとわかっていた。

「マッチプレーになっても、メダルプレーのようにゴルフをすること。相手は自分とコース。『オールドマンパー』を相手に戦うことができたので勝てたのです」

大雨で始まった大会も最終日には明るい陽が差した。明朗快活な銀次郎にふさわしい素晴らしい初優勝であった。

要諦41

「相手は自分とコース。『オールドマンパー』を相手に戦えばよい」

ゴルフの孤独を思い知る

家に戻った銀次郎はようやく優勝への緊張を解くことができた。

表彰式では喜びですべてを忘れてしまったが、優勝が決まる間際の自分に降り掛かってきた恐ろしい心境を思い出して体が震えた。周囲には歯切れのよいショットを連発して、自信に溢れる銀次郎と映ったに違いない。しかし、見る人が見れば銀次郎の心境は手に取るようにわかったはずだ。たとえば長兄の一次郎は次のように言っていた。

「銀は精神的に随分と逞しくなったが、それでも詰めはまだまだ甘い」

確かにその通りなのである。ホールが残り少なくなるにつれ、銀次郎は言いようのない孤独感に襲われたのだ。

「アドレスするといろいろなトラップが目に入ってきました。ＯＢや池、林など、打ちたくないという気持ちが強くなる。不安がよぎるとその不安が体全体を包み込む。ボールを打つのが怖くなります。誰も助けてはくれない。もはや頼れるのは自分だけです。不安を抱えながらも打つしかなかったのです」

とてつもない孤独感を体験した銀次郎。しかし、その孤独感とともに前進していかなければならないのがゴルフである。戦いは決着がつくまで続くのだ。不安は決して払拭できない。ショットを行う以上は永遠につきまとうのだ。だから、不安は抱えながら思い切るしかないのである。そうした心境でつかんだ優勝は価値があった。

8月初旬の関西学生選手権は枚方カントリー倶楽部で開催された。銀次郎は2位に5打差をつけてメダリストとなった。スタートの1番でOBを打ったが「バーディを獲ればボギーに抑えられるし、ボギーならどこかでバーディを獲ればプラスマイナスゼロになる」と余裕の笑顔を見せるほどだった。日本アマでの優勝争いの並々ならない緊張を経験した後の銀次郎は、ピンチになってもゆとりがあった。決勝トーナメントでも危なげなく勝ち進み、関西学院の広瀬義普との決勝戦も6エンド5の圧勝だった。

「パットが格段に上手くなった」

準決勝で銀次郎に敗れた吉川隆之の感想である。優勝した銀次郎は次のように語っている。

「パーで負ければしょうがないと、相手のことを考えずに、常に最善のスコアを出すことだけを考えてプレーしました」

要諦42

「ゴルフは孤独なスポーツ。誰も助けてはくれない。歯を食いしばって不安と戦い続けなくてはならない」

世界アマの壁

秋になり、銀次郎は日本アマでの優勝を評価されて世界アマの日本代表に選出された。2年ぶり2度目の出場となるが、今回の開催地は日本。チャールズ・アリソン設計の雄大なリンクス、伊豆の川奈ホテル・富士コースで25カ国を集めて華やかに開催された。

日本チームは若い選手でという日本ゴルフ協会の方針もあり、キャプテンが27歳の石本喜義、それに20歳の銀次郎と22歳の広瀬義兼、さらには26歳の鍋島直要の4人となった。

鍋島は日本アマに3勝もした名手・鍋島直泰の長男で、慶応大学から米国マンモス大学に留学したもの凄い飛ばし屋。距離のあるパー5でも軽々2オンを果たす。外国人相手に引けを取らないスケールの大きなゴルフに協会関係者が賭けたのだ。

日本で世界アマが開催されることもあり、マスコミの注目が集まった。ベスト3に入るのではという期待もされたのである。銀次郎も2年前のニクラウスショックを経て、今度こそは世界と肩を並べるようなゴルフを見せたいという思いが強かった。

しかし蓋を開けてみると、銀次郎は初日81とまったく精彩を欠いた。4人の日本選手の4番目の成績で、上位3人のスコアだけが換算される方式故に、カウントさえされない始末。みそっかすの「おみそ」である。

「満足なショットが一つもないんです」

そう言ってしょげかえった銀次郎。ひとり71と気を吐く石本から励まされる。

「銀ちゃん、ここまで来たらショットの善し悪しなんて考えてちゃいけない。必死にスコアをまとめることだよ」

鍋島直泰からもアドバイスされる。

「ピアニストがどの指使って演奏しようかなんて考えないだろう。一旦弾き始めたら最後まで一気に弾き切る。それと一緒に一気に振り切ることだ」

ところが銀次郎は2日目も調子が出ず、日本選手ひとりだけ80台の83である。日本チームは9位から8位と1つ上がったが、銀次郎が完全に足を引っ張っている。

3日目、銀次郎はようやくチーム最少スコアの73を出して笑顔を覗かせた。最終日の4日目もチーム最少の74であがれたが、日本チームはトータル902打で9位。854打で優勝したアメリカチームに48打も及ばなかった。

日本アマに勝ち、自信満々で世界アマに臨んだ銀次郎は、後半立ち直ったとはいえ、かなりショックだった。いいところを見せたいと気負ったからだろうか。とにかく、あれほど自信のあったショットが制御不能になったのだ。

「天狗になっていたのかもしれません。完璧なショットを放ちたいという思いが強くなっていたのです。それも飛ばしに自信が出てきて、外国勢と張り合ってしまいました。ゴルフはあがってなんぼです。スコアよりもショットに気持ちが行ってしまったのです。もともと飛ばし屋でもない自分が飛ばそうとしました。そこに落とし穴があったのです。ショットなんてそこそこでいいんです。そこそこでスコアを作る。ショットを競い合うのがゴルフというスポーツではありません。スコアを競うのがゴルフというスポーツです。それを1つや2つ勝ったことで忘れてしまったんですね」

ようやく成人した銀次郎はまだまだ青かったということだったのだ。

要諦43

「飛ばし屋ではない自分が飛ばそうとした。そこに大きな落とし穴があった」

第4章

甲南大学時代後期

2度目の日本アマ優勝、そして学生王者

勝つことへの執着

1963年（昭和38年）が明けた。昨年はようやく「メダリストの2回戦ボーイ」の汚名を返上した銀次郎だが、それを確固たるものにするにはこの大学3年生のシーズンが正念場である。冬の寒さにもめげず、トレーニングも打ち込みもしっかりとやった。その成果があったのか、春に行われる関西オープンで2年連続のベストアマ、関西学生も2連覇を果たした。日本アマ連覇に向けて調子は悪くなかった。

日本アマは6月初旬、千葉県の鷹之台カンツリー倶楽部で行われる。名匠・井上誠一が緩やかな起伏の大地に松林で各ホールをセパレートした味わい深いコースとして知られる。初日は豪雨で延期となり、2日目に予選の36ホールがプレーされた。ディフェンディングチャンピオンの銀次郎は大方の予想を裏切る82・76のスコアでメダリストを田中誠に譲り、しかも4打差もつけられる4位タイだった。

もちろん、銀次郎は決勝トーナメントで勝ち進む気は十分にあった。しかしそれとは裏腹に、予選での調子の悪さから不安におののいてもいた。

「昨年の優勝をフロックと言われたくない。絶対に優勝する」

そう思って意気込んで臨んだのに、結果はついてこない。マスコミの下馬評は銀次郎の圧倒的有利と報道されている。しかし、勝って当然と思えば思うほど、そんなことが果たしてできるのかと不安になってしまうのだ。

意表を突くような相手が現れたらどうしよう。予想を遙かに超える攻撃ゴルフでバーディラッシュされたらどうしよう。目に見えぬ相手への不安が湧き出る。

また、常に完璧とは行かないショットに対する不安もある。猛練習は積んでいる。ショットの精度は確実にアップしている。それなのに、試合でミスが出るのではないかという不安が常に襲うのである。

予選前夜も眠れなかったが、決勝トーナメントを明日に控えても眠れない。

「眠れないので、頭の中で鷹之台カンツリーの1番から順番にプレーしていきます。アウトを回り、インに入っても眠くならず、18ホールを終えます。しかし、それでも眠くならないわけです。睡眠を取らなければ明日の試合に支障を来すとわかっていても眠れない。それで頭の中でさらにもう1ラウンドしてしまう。そこでも眠れず3ラウンド目に突入するということにもなるわけです」

午前の1回戦は我孫子ゴルフ倶楽部のH・チャックを4エンド3で破った銀次郎。チャックは1956年（昭和31年）、銀次郎が中学3年のときに日本アマに優勝している実力者だったが、そのときの力はもはやなかった。午後の2回戦は1960年（昭和35年）の日本アマ優勝者であり、今大会のメダリストである田中誠。簡単には勝たせてくれない相手だ。

勝たなければならないという気持ちが焦りを呼ぶ。焦りはミスショットを生み、ミスショットは体を萎縮させる。体が硬くなるからまたミスショットが生まれ、焦りを招く。負のスパイラルが銀次郎をぐるぐると巡り、いいところなく3エンド2で敗れ去ってしまったのだ。

要諦44
「焦りがミスを生み、ミスは体を硬直させる。硬直すればまたミスが生まれ出る」

勝利に絶対はありえない

「ああ、こんなものか」

敗戦が決定したとき、銀次郎はそう思った。

「負けるべくして負けたんです。ゴルフという不確定要素の強いスポーツで、勝とうと思ったことが間違いです。傲慢と言ってもいいです。ボビー・ジョーンズでもジャック・ニクラウスでも試合前に勝つと断言した人はいません。『I hope so』を最後につけて、『勝てたらいいと思う』と言うにとどまります。それをたった1回、日本アマを勝ったぐらいの自分如きが『勝つ』と思ったわけです。勝利に運はつきものです。ましてや優勝は運に恵まれなければ手に入るものではありません。私の日本アマとて、幸運に恵まれてようやく勝てたのです。それを努力したから勝てたと思った。努力するのは勝利を目指す選手なら当たり前のことで、その上で運があってこそ勝てるのです。それを今回の日本アマで思い知りました」

銀次郎は試合に臨む本当の心構えというものを、このとき知ったのである。

勝ち負けにこだわらず、勝つためにベストを尽くすということ。

「人事を尽くして天命を待つ」

この言葉の本当の意味を知ったのである。

銀次郎ばこの敗戦によって、人の風評を気にしなくなった。自分が勝つための精一杯の努力をしていれば、何を言われても構わない。勝とうという気持ちをもって精一杯のプレーをすれば負けても気にしない。勝負の結果は問わない。大事なのは努力することであり、一生懸命にプレーすることだと知ったのである。

ゴルフは頑張った人に頑張っただけの褒美をくれるスポーツではない。そんなに甘く、単純なスポーツではないのだ。頑張らない人にも褒美がもらえることもあるという理不尽なスポーツである。それがゴルフの面白いところなのであるが、頑張った人は少しだけ褒美が多くなるということも事実なのだ。

そう思うと銀次郎は気が楽になった。勝つべくして勝てるスポーツではないと、ゴルフのことを知って、自分を縛り上げていた「勝利」の2文字から解放されて楽になったのである。

「いくら努力しても負けることもある。でも、努力はしなければならない。勝とうと思うなら努力は惜しまないことだ」

これが銀次郎の結論だった。

要諦 45

「ゴルフは理不尽なスポーツ。努力が実るとは限らないが、努力を惜しんではいけない」

いつでも80点のショット

ゴルフの摩訶不思議な真理を知ってからの銀次郎は強かった。勝たなければならないという縛りがなくなって、焦りがなくなった。リードされたらされたで、頑張っていればそのうち追いつくこともある。18ホールは人生と一緒。山あり、谷あり。チャンスがあればピンチもある。ゆったり大きく構えて、チャンスが来たら思い切ってそれをつかみ、ピンチが来たらそれを最小限に留める。

そう考えると、ショットを打つ前の迷いもなくなった。ミスショットがあってもいいと思えるようになったのだ。

「いつでも完璧なショットが打てると思うのは大間違い。多かれ少なかれミスをしているものです。ですから、練習にしても100点のショットを打とうとするような練習はしなくなりました。いつでも80点のショットができるように、練習でもそれを目指しました。それからどのような状況でどんなミスが出るのかをチェックし、その最大限も知るようにしました。そうすれば、あらかじめ出そうなミスを想定してコースを攻めることができます。ミスをしながらパーが取れるようになるというわけです」

8月下旬、埼玉県の狭山ゴルフクラブで日本学生ゴルフ選手権が行われた。1959年（昭和34年）に軽井沢ゴルフ倶楽部などを設計した小寺酉二が自然溢れる武蔵野に造ったコースで、アップダウンは少ないが距離は長く、選手たちには難関と思われた。この年から地区予選を突破した64選手が1回戦からマッチプレーで戦う競技方法に変わった。

銀次郎はまだこのタイトルを獲っていなかった。「勝つと思わずに勝つ」ことを覚えた銀次郎は、1回戦から4回戦までの18ホールマッチプレーを危なげなく勝ち上がり、36ホールとなった準決勝も甲南大の先輩である浜中英夫を終盤に4ホール連取し、4エンド3で破った。決勝の相手は前年の明大主将・小室秀夫の末弟で1年生の小室輝夫。優勝候補のひとりである甲南大の吉川隆之と慶応大の藤木隆夫を破っての決勝進出である。

決勝は朝から雨模様だった。勢いのある小室は2番パー4で3番ウッドの第2打を2mに寄せてこのホールを取り、3番パー3もバーディ。しかし銀次郎もバーディパットを入れ返す。8番まで取られ取るのイーブンだったが、その頃から雨と風が強くなると、銀次郎が低く強い球でグリーンを確実にとらえ、高い球しか打てずに右往左往する小室をあっという間に引き離してしまう。9ホールを残す10エンド8の圧勝だった。

学生日本一となった銀次郎の笑顔は苦笑気味。ゴルフを始めて3年目という小室との決勝戦に物足りなささえ感じているかのようだった。

「小室君はスローペースのプレーなので、それにいらついては相手の思うツボと、ボクもゆったりペースでやりました。序盤は様子を見ながら小室君に離されないようにして、チャンスが来たところでホールを取っていきました。激しい雨で全身ずぶ濡れでしたが、これくらいの雨の中での試合は、これまでたくさんこなしてきたので何ともありませんでした」

銀次郎はもはや「オールドマンパー」の領域を超え、相手を見ながらマイペースでゴルフができるまでなった。ジャブで相手を先制し、チャンスと見たら強いパンチでノックアウトする。初めは時間をかけながら、そして、終盤は一気に料理するという老獪な戦術を手に入れたようだった。まさに横綱相撲だ。

ちなみに「今日のプレーに満足している?」という記者の質問に次のように答えている。

「とんでもない。満足なプレーなんて一生かかってもできません。ゴルフは奥が深いですから。ボクなんかまだ上っ面をなめているだけです」

要諦46 「初めはゆったりじっくりとプレーし、終盤になってから一気に攻めて勝負をつける」

試合巧者

学生日本一になった銀次郎は9月末、関西アマチュア選手権に臨んだ。舞台は兵庫県鳴尾ゴルフ倶楽部。日本初のゴルフコースである神戸ゴルフ倶楽部のメンバーたちが雪の降る冬にもゴルフをしたいと思い立ったのが起源という歴史あるコースだ。

1920年にジョー、アリー、バーディーのクレーン3兄弟が尽力して今の猪名川沿いの丘陵地に造り上げ、それをチャールズ・アリソンが改修した英国内陸部にある伝統的コースの趣を持つ名門である。1930年には早くも日本オープンが開催されている。砂が壁にせりあがる深いアリソンバンカーや良質な高麗芝のグリーンは今も維持されており、四季折々の変化を楽しめることも特徴だ。

そんな由緒ある鳴尾ゴルフ倶楽部に銀次郎が挑んだわけだが、初日の36ホールストロークプレーでは雨降る中、80・74とやや苦戦し、メダリストを逃す4位タイ。しかしもはや銀次郎はメダリストにこだわっていない。勝負はマッチプレーとなる決勝トーナメントである。

銀次郎は甲南大の先輩、古市瑋との1回戦を5エンド4で破ると、2回戦はベテランの阿部善政を3エンド2、36ホールマッチとなった準決勝は城陽カントリー倶楽部の佐藤健を8エンド7の大差で破る力の違いを見せつけた。決勝の36ホールマッチは甲南大の先輩、石本喜義となった。一昨年の日本アマ決勝で敗れ、昨年の日本アマ1回戦で雪辱を果たした相手。好ゲームが期待されたカードだった。

いざ蓋を開けてみれば、石本がボギー先行で、銀次郎が1番、2番と連続して取って優位に試合を運ぶと、10番、11番と連続バーディ、14番もカラーからチップインして前半の18ホールで5アップ。

とにかくこの日の銀次郎はパットが正確だった。午後の18ホールも10番で銀次郎が取って7アップ、そこから石本が粘って11番で1つ返すと13番でバンカーから起死回生のチップインバーディ、14番、15番と3連続バーディとして急追するも、16番をパーで分けて石本は力尽きた。銀次郎の8エンド7の圧勝だった。

「今日はパットが決まったので勝てました。13番で石本さんがバンカーに入れたときにはこれで勝てたと思いましたが、そこから猛反撃されて。石本さんも本当に手強いです」

そう言いながらも銀次郎の笑みには余裕があった。相手が強敵でも自分のゴルフをしっかりできる。序盤は「オールドマンパー」で戦い、調子が出てきたところで一気にバーディ攻勢。もはや強者の試合運びである。「マッチプレーに弱い」といった銀次郎のイメージは完全に雲散霧消したのである。

要諦47

「相手が反撃してきても慌てない。自分のゴルフを全うすればそれでよい」

パッティングの上達

銀次郎がマッチプレーに強くなった要因はいろいろとあるが、目に見えるものとして、パッティングの進歩がある。石井哲雄からの「相手がグリーンに乗ったら一発で入れると思え」というメンタル面の教えも功を奏したが、打ち方の創意工夫があったことも事実だ。それゆえに石本を圧倒できたのである。

「パットにおいて技術的に考えたことは、自分からボールを打たないということです。打とうとするから、手に余計な動きが出てしまう。パットはショットと違って力はいらないのですから、自分から打つ必要はありません。いつも正しく同じに立って、手にも腕にも肩にも力を入れずに自然にストロークする。そのストロークの最下点にボールを置くわけです。そうすればヘッドの重みだけで打てます。いつも同じストロークができるようになります。また、そうすると、パターの芯で打てるようになります。パットはパターの芯で打つことがとても大切です。なので、構えたときも、パターのフェースとボールは触れるくらいピタッと合わせます。ピタッと決まるときは調子がいいこともわかります。このことは実はショットでも一緒で、パターで悩んだことでこのことを悟って、ショットまでよくなりました」

自分からボールを打つのではなく、ヘッドがボールを打っているというストロークをするべきだと銀次郎は言うわけである。つまりこれは「ヘッドに仕事をさせなさい。そうすれば自然にナイスショットが出る」という昔からの教え伝えと同じである。

「また、どんなパットも2回でいいと思うようにしてから、楽になりました。1回で入れようとすると考えすぎることになりやすい。でも、1mのパットでも2回でいいと思えれば考えすぎることはなくなります。パットは考えすぎたり狙いすぎると、入るものまで入らなくなります。いつもと同じように構えたら、単純にただストロークする。それだけです。ただし、3パットは絶対にしてはいけない。1パットなら『嬉しい』と思えばいいわけです。とにかく2パットで良しと思えれば、実は1パットが増えるものなのです」

パットが上達したのはもちろん、こうした考え方だけでなく、猛練習を積んだお蔭であることは間違いない。家の中で1・5mのパットを100回続けて入れないうちには寝ないが毎日の日課だった。

要諦48

「パットは自分からボールを打たない。体のどこにも力を入れず、自然に打つだけ」

甲南大史上最強チーム

1964年（昭和39年）が明けて主将となった銀次郎は、大学4年生になる前に、実家のある下関ゴルフ倶楽部でレギュラー合宿を行った。悔いの残らない学生生活を送るために、同学年で副将の中井隆男、1学年下の野村惇、森河伸治、米澤純也らと、日本海からの恐ろしいほど冷たい北風の中、走り込みと打ち込み、ラウンドを積み重ねた。

野村以外は甲南大に入ってからゴルフを始めた面々だが、中井、米澤らはすでに日本学生選手権でも活躍し、森河も急激に力をつけてきていた。

中井が当時を振り返る。

「この年は下関で何度も合宿しましたが、冬は寒くて打つより走ったほうが暖かいと言ってよく走りました。海岸にもよく行って砂浜でクラブを振りました。夏は2ラウンドハーフすることもざらでした。こうしたトレーニングをしたからこそ、中部も強くなったし、私らも上手くなれたと思っています。そうそう、中部を乗せて車を運転したとき、脇を絞ってハンドル握れと言われてね、普段からそうした癖をつけとけとね。中部のドライバーは曲がらないから飛ぶという感じで、常に同じ距離でした。アイアンは切れ味が鋭くて飛距離がまったく私たちと違いました」

他の方々にも銀次郎との忘れられない思い出がある。まずは野村の思い出から。

「私は中部さんのキャディをしていたのですが、廣野の練習では球の落下地点に私を立たせて5番アイアンを打つのですが、まったく球が散らばらない。その場で拾えるのにびっくりしました。それと中部さんはビリヤードにはまっていて、よく玉突き場に連れて行ってもらいました。パターの勘を養っていたようです」

銀次郎はビリヤードの腕前もかなりのもので、ゴルフに喩えればハンデ4か5くらい、地区予選にも出場していた。パットの勘を養うというより、ゴルフに打ち込みすぎる生活の気分転換にビリヤードをやっていたようだ。

「ビリヤードをやったおかげで、ゴルフを客観的に見ることができるようになった」

そう銀次郎は語っている。

米澤の思い出は大学2年のとき。

「2年のときにたまたま先輩に勝ってレギュラーになりまして、中部さんとダブルスを組ませてもらったことがあります。1番はふたりでプレーしたのですが、2番からは『お前ひとりでやれ』と言われて、中部さんはクラブも持たない。私はがちがちになりながらプレーして、何とか相手と分けることができましたが、もう中部さんと試合をした気分でした。それと関西学生の準決勝で中部さんと当たったことがあるのですが、最初の18ホールは遊んでもらってオールスクエアでしたが、次の18ホールの後半で少し本気出されてキュキュッと絞められて4エンド3でやられました。よく言われたことは『言い訳しないでプレーせよ』と『あるがままに打て』ということです。中部さんはフェアウェイがぬかるんでいても球には決して触りませんでしたね」

森河の思い出は次のようなものだ。

「『生活の中にゴルフを入れよ』とよく言われました。鞄を持つにも中指と薬指で持て、吊革につかまるにも中指と薬指でと言われました。ひどいフックグリップも矯正していただきました。1965年（昭和40年）の日本アマに私は初出場したのですが、あれよあれよと勝ち上がりまして、何と決勝は中部さんなのです。奇跡的なチップインを私が3回もしたため、なんと2アップで17番を迎えました。中部さんはティショットを曲げて林の中です。そうしたらそこからとても狭い花道目がけて打ってこられてなんとピン2m。それを外してくれたので勝てたのですが、勝った気は全然しませんでした。勝たしてもらったんです」

野村も卒業後の倶楽部対抗で銀次郎に勝ったことがあるが、これも「勝たせてもらった」と言い、「思い出を作ってもらったんです」と笑う。

中部を入れたこの5人で、甲南大4年の終わりの信夫杯争奪全日本大学対抗で2位の慶応大を18ストロークも離して優勝、3連覇を成し遂げている。今でも甲南大、史上最強のチームと言われた5人組である。

要諦49

「どんなショットを打っても言い訳せずにプレーせよ」

4年前の雪辱

大学最後のシーズンが始まった。まずはまだ獲っていなかった成宮杯争奪関西学生選手権。4月2日、京都ゴルフ倶楽部東コースを舞台に36ホールストロークプレーで勝敗が争われた。

銀次郎は最初のラウンドこそ76だったが、次のラウンドを66の好スコアで逆転優勝。この試合はバッグを自分で担ぐ学生を考慮して、クラブ本数を８本に制限したのだが、向かうところ敵無しの銀次郎には８本で十分だったということである。これでアマチュアとしては日本オープンのローアマ以外のタイトルをすべて手中にした銀次郎であった。

この試合では学生ならではのエピソードがある。来年は卒業となるため、どうしても銀次郎がこのタイトルを獲りたがっていることを知った副将の中井隆男とマネージャーの山崎保男が、銀次郎のキャディとなる部員が犯してしまった交通事故の不祥事を知らせまいとしたのだ。

京都の旅館で銀次郎を含め、部員たちは雑魚寝をしていたが、眠る銀次郎を残して全員、違う部屋で対策会議を開いた。しかし、ざわついた雰囲気に気づいた銀次郎は下級生から事件の顛末を聞いてしまったのだ。が、銀次郎は中井と山崎の気持ちを汲んで寝たふりを決めつけた。結果的には、それが功を奏して、銀次郎は翌日の試合に打ち込め、優勝できたのである。

成宮杯に優勝して、にわかに銀次郎のプロ入りが囁かれるようになる。来春卒業の銀次郎には当然の話題だったが、銀次郎にとっては、その問題は日本アマをもう一度獲ってからという気持ちが強くあった。

その日本アマチュア選手権は6月15日から愛知カンツリー倶楽部東山コースで行われた。このコースは銀次郎が4年前の浪人時代に初めて日本アマに出場したときのコースである。予選ではメダリストとなり、決勝トーナメントでも1回戦、2回戦と勝ち上がり、準決勝は岡藤武夫と熱戦を繰り広げ、惜しくも大詰めの17番で3パットを犯して負けた試合だ。

「これほど悔しかったことはこれまでなかった」

銀次郎が2オンを果たし、岡藤はグリーンを外していた。それなのに、岡藤は3mを一発で沈め、銀次郎は14mのパットをかなりショートしてしまい、それから2回かかってしまったのだ。

しかし、4年前の敗戦が教えてくれたことは、とてつもなく大きかった。

苦手となってしまったパットをいかに上達させるか。外してはいけないパットをいかに入れるか。また、ゲームの流れをいかに読むか。よい流れならいかに断ち切らず、悪い流れならいかにサッと断ち切るか。ゲームの山場を把握して勝ちを収めるか。絶対にボギーにしてはいけないときにどうパーで切り抜けるか。そういった術を銀次郎はこの4年間に学んだ。4年前のこの東山での雪辱を果たすときがやってきたとも言えるのだ。

1日目の36ホールの予選で、銀次郎は73・75の148打で、147打の広瀬義兼に1打及ばず2位。18番で銀次郎がまさにダウンスイングに入ろうとしたときに、カメラマンがごそごそと動いたため、OBを放ってしまった。それについて銀次郎は一切誰にも語らなかったが、そのことを記者が質問したとき、次のように言っている。

「ゴルフはたとえどんな邪魔が入っても、ミスしたらその本人が悪いのですから」

少年時代の父・利三郎の教えがこのときも生きていた。メダリストを逃したが、それ以上に銀次郎のゴルフアイデンティティが評価されたのだ。

要諦 50

「どんな邪魔が入っても、ミスしたら自分が悪い。ミスの責任は一切自分にある」

日本アマ2度目の優勝

学生最後の日本アマ、銀次郎は2日目からの決勝トーナメントで、1回戦を佐藤健に3エンド2、2回戦では久野勝彦を6エンド5で破り、3日目の準決勝は4年前の日本アマ優勝者である田中誠を9エンド8と一方的な試合内容で勝ってしまう。田中は前年、2連覇を目指した銀次郎を2回戦で下した相手である。誰もが白熱したゲームになると思っていただけに拍子抜けだった。

それはあまりにも田中が勝ちを意識したことにあった。銀次郎のここ1年の上達ぶりを知って、力が入ったのだ。ドライバーショットはOBになり、バンカーショットはホームラン。ミスで田中がホールを落とす中で、銀次郎がパー4の第2打を直接入れるスーパーイーグル。前半のラウンドで銀次郎は5アップ、午後のラウンドでも3番から連続4ホールを奪って銀次郎の圧勝で終わるのである。

翌日の決勝はダークホースの纐纈《こうけつ》資郎、34歳、愛知県の三好カントリー倶楽部所属。ゴルフ歴は僅か5年でハンデは4。マッチプレーは苦手で「ハンデ10の人にもボロボロ負ける」と言いながら、準決勝では慶応大ゴルフ部の主将、藤木隆夫を3エンド2で逆転勝ちしている。経験の浅さから周囲は銀次郎の圧勝に終わると予想したが、銀次郎は得体の知れない相手、それも勢いのある相手に警戒心を抱いていた。

その頃の銀次郎は2つのやり方で勝っている。一つは先制攻撃を仕掛けて相手のやる気を削いでしまう方法。もう一つは相手に合わせてピタリとついていき、終盤に相手が勝手に崩れていくという方法。どちらを取るかは相手のタイプ次第、自分の調子次第のところがある。

纐纈に対して銀次郎は相手のペースに合わせていく作戦をとった。なぜなら相手がどんなタイプかわからなかったからだ。もしも先制攻撃を仕掛けたとして、意気消沈するどころか、居直られて逆襲されたら相手ペースの試合になってしまう。なので、まずはピタリとついて、相手の先を越さず、かといって離されずに戦っていき、相手がわかってきたところで勝負を仕掛けるという戦法である。

果たして試合はそのように進んだ。最初のラウンドは4ホールまでイーブン、5ホール目で緌緌がバーディで1アップ。すぐに銀次郎が6番を取ってイーブンとする。しかし、緌緌のゴルフがわかった銀次郎は10番、11番と連続バーディ、12番、15番、17番と取って、あっという間に5アップにしてしまう。

ところが午後のラウンドは緌緌がナイスパットを連発して4ホールを取り、銀次郎との差は3つに縮まる。後が少なくなってきた12番ホール。緌緌はこのホールでこれまでティショットでは必ずスプーンを使ってきたのに、ドライバーを手にする。勝負所と見たのだろうが、何とこれがOB。試合は15番まで行くが、このショットで決着がついてしまったと言ってもいいだろう。

試合後、緌緌が話している。

「僕は三好コースでよくプロとホールマッチをやるけど、今日の中部くんの腕前はうちのプロ以上に手強かった。まったく強い、強いです」

しかし、銀次郎も追い上げられたときはさすがに苦しかったようだ。

「こんな苦戦は初めて。午前で5アップしましたが、午後の1番、2番で連続バーディを決められたときはどっきりでした。僕もバーディを獲ったから分けることができましたが、

4番、5番と連続して取られたときは実は負けるのではないかと思いました。あんなにパットの上手い人は初めてでした」

銀次郎から、喜びの言葉は一つも出なかった。

前年と違って「絶対に勝つ」と宣言したわけではない。「勝つと思うな、思えば負けよ」の極意も悟ったはずだった。しかし、リードしてからグイグイとパットを決めて迫ってくる相手には、正直恐怖を感じた。それは「負けたくない」という気持ちが強く湧いたからである。

「負けたくない」と思えば気持ちが委縮する。体が硬くなり、スムーズにスイングできなくなってくる。パットでも手が動かなくなるのだ。

心の奥底では「絶対に勝ちたかった」のである。勝負の世界にいる者として当然である。しかも大学生活最後の日本アマである。昨年は負けているのだ。

「最後には、相手の纐纈さんにではなく、自分にだけは負けたくないと思ってプレーしました。それがよかったのでしょう」

銀次郎の日本アマ2度目の優勝はそうしてもたらされたのである。

要諦 51

「先制攻撃で相手のやる気を削ぐか、相手にぴたりとついて終盤に崩れさすか」

絶好調は不調の始まり

銀次郎は日本アマ優勝の後、気が抜けたのか、7月の関西学生選手権で、よもやの敗戦を喫する。この大会、予選のときから不調だったが、なんとか決勝に残り、準決勝では根性のプレーで同志社大の久野勝彦を下すと、決勝の相手は崇徳高校3年の三上法夫となった。

年下の高校生だけにやりづらい。銀次郎にとっては勝って当たり前、三上にとっては負けて当たり前。こうなると思い切ったプレーで挑んでくるに違いないのだ。それは銀次郎本人がそうだったからであり、よくよくわかっていることであった。

会場は兵庫県の小野ゴルフ倶楽部。上田治が播磨中部丘陵県立自然公園内に景観優れたコースを設計したもので、アウトは綺麗で大きな池をダイナミックに使ったレイクコース、インは対照的に松林の林間コースである。フェアウェイは狭く、ドライバーショットの成否が結果を左右する。

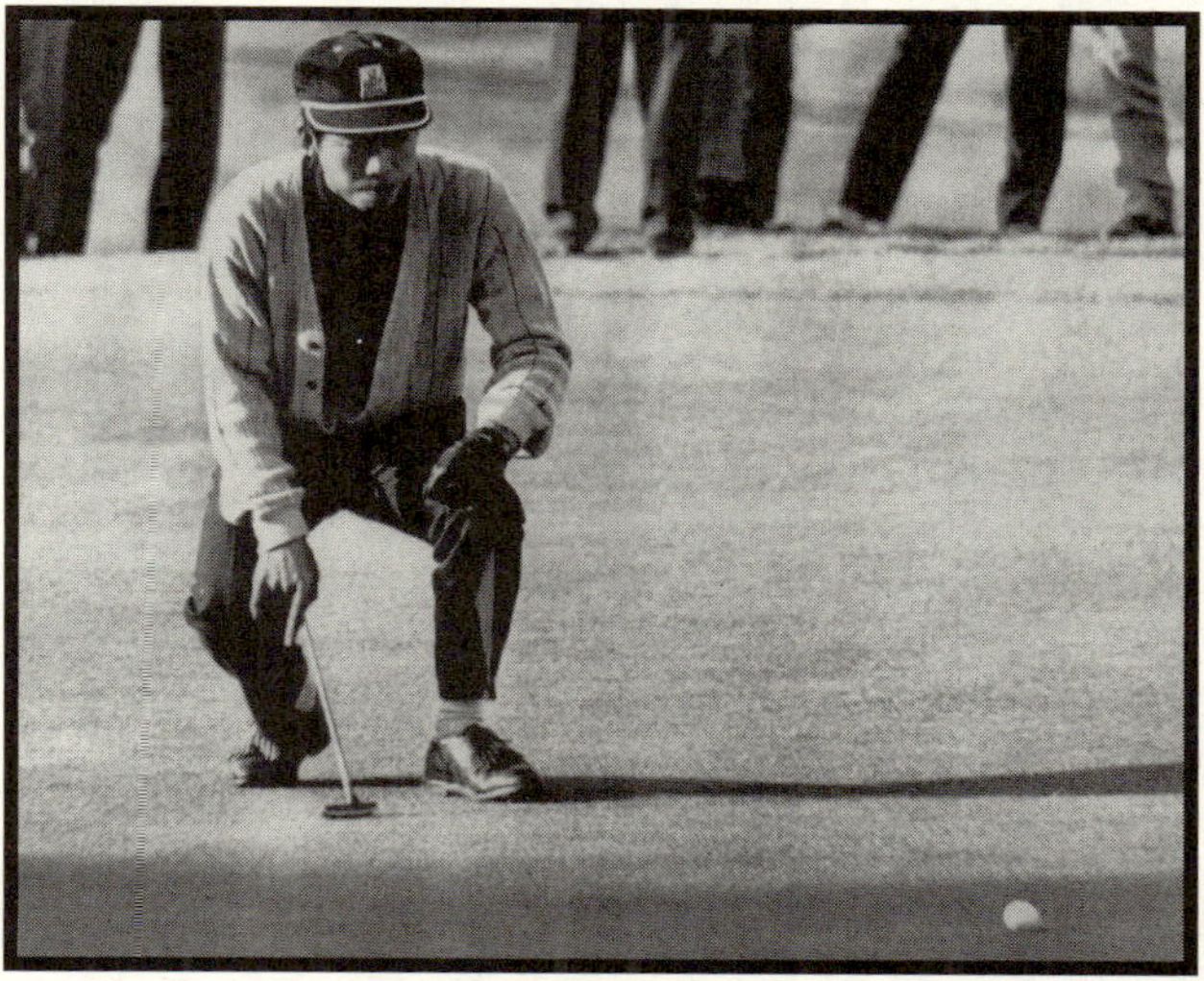

銀次郎は準決勝まで何とか気迫で相手を負かしてきたが、決勝では気迫だけではどうしようもないほどドライバーショットが曲がってしまった。36ホールマッチプレーの最初の18ホールの序盤、中部は4番で右の深いラフからラフを渡り歩き、6番でも右のラフに入れて2ダウン。

「スクエアスタンスだと大きくスライスする」

日本アマでも出ていた傾向が一気に病となってしまった。「飛ばし始めは、崩れ始め」と言うが、まさに好調のときほど、不調の影が忍び寄っている。それを見過ごしていると、ちょっとした風邪が肺炎になるように一気に危篤状態となるのである。銀次郎の症状はそれほどまでの重病ではなかったが、決勝戦では小手先の修正が効かなくなってしまっていた。

アドレスしたときに足をばたつかせる銀次郎。アドレスしても何かしっくりと決まらない。大きなスライスが出そうで仕方がないのだ。フェアウェイが狭いので、不安がさらなる不安を招き、予想よりも遙かに大きく球が曲がってしまうのだ。

9番では何とOBを叩き、インに入って14番から3連続で落とすと、18番では2度も右の池に入れてしまった。それに比べて高校生の三上は飛距離こそ落ちるもののステディなショットでパーを重ねていく。

午後のラウンドでは三上のショットが不安定になって銀次郎が取るホールも出てくる

が、調子が戻ったとは決して言えなかった。そうするうちに三上がチップインバーディを奪うなど、16番がドーミーホールとなってしまった。後がない銀次郎。しかし周囲は心配しながらも銀次郎がよもや負けるはずはないと信じている。

果たして銀次郎が放ったドライバーショットは、またしても大きくスライスして、OBゾーンに消えていった。パー5なので、プレーを続行するが、銀次郎の第5打がバンカーエッジに行き、三上の第4打のアプローチがピン1mにピタリと寄ったとき、銀次郎から握手を求めに行ったのである。

銀次郎は3連勝を逃し、三上は大会史上最年少優勝を成し遂げた。

銀次郎は言う。

「三上君はショットのタイミングがいつも同じ。だから狭いフェアウェイでもしっかりとフェアウェイキープができる。僕のほうが教えられました」

ゴルフは常に勝てるとは限らないスポーツ。しかし、銀次郎は負けて、またまた自分の未熟さを感じるのである。

「『始めはみんな下手、自分は今も下手』。これはいつも思っていたことです。自分でも信じられない好スコアが出たりして、上手くなったなと思うときもあります。しかし、それは単にそのとき調子がよかったに過ぎないことがほとんどです。また、運がよかったに過ぎないこともほとんどなのです。始めは誰でも下手ですし、それは今も何も変わらない。

少しぐらい上手くなったからって、すぐにまた下手に逆戻りしてしまうのです。それがゴルフというスポーツでしょう。だから、面白いし、探求したくなるし、努力を怠ってはいけないということなのです」

要諦 52

「飛ばし始めは、崩れ始め。好調のときほど、不調の影が忍び込む」

最後の日本学生優勝

8月17日からは廣野ゴルフ倶楽部で日本学生選手権が行われた。コースはラフが深く、グリーン周りもアリソンバンカーで囲まれた至難のコースだが、フェアウェイが乾いていることもあり、ドライバーショットの距離が出て、予選は好スコアが続出した。銀次郎は相変わらずドライバーショットが荒れ気味でラフに入れるなど苦労したが、リカバリーショットとアプローチの巧みさで、73・73の146打で中央大の八木正孝とメダリストを分け合った。

「関西学生以来、調子がよくなかったので、正直ホッとしました」

銀次郎はそう語っている。

八木は多摩カントリー倶楽部の八木庄蔵プロの長男。176cm、70kgの体格のよさから飛距離も出る。ゴルフを始めてまだ4年ということだが、アマ離れした巧みなゴルフを行う。銀次郎の好敵手になると周囲は見ていたようだ。

本戦に入ると銀次郎は1回戦で慶応大の藤木隆夫を5エンド4で下し、2回戦はこれまた慶応大の小倉正を7エンド6と圧勝、強さを見せつけた。36ホールマッチプレーの準決勝は明治大の小室輝夫をこれまた7エンド6と圧倒。小室の「ティショットを中部さんよりも飛ばさずに打ち、先にグリーンに乗せて中部さんにプレッシャーをかける」という作戦も、グリーンを外していては話にならなかった。

決勝は予想通り八木が相手となった。銀次郎はこの大会ではドライバーショットはプルショットを持ち球にしていた。スライスがコントロールできないため、逆球で凌いでいたのだ。もちろん、それでは銀次郎らしい安定感のあるショットにはならなかったが、それでもアイアンの切れ味が抜群のため、スコアはまとめられる。一方、八木のショットはよかったがパットが入らない。ショートパットを外して自滅した。結果は6エンド4で銀次郎の圧勝で日本学生2連勝となった。

同僚たちからの胴上げの後、笑いながら言った。

「胴上げは恥ずかしかったけど、4年で最後の日本学生に勝てたのでやってくれたと思うと嬉しいもんです。この大会は暑い夏に連日2ラウンドというスタミナが勝負です。そのため、毎朝目玉焼き4個にパンという軽くて栄養のある食事を採りまして、それがよかったのかへばりませんでした。八木君は上手い選手だけど、プレーに執着心がなく淡泊すぎます。勝負しなければならないところで安全に行き過ぎることも勝てなかった原因だと思いますね」

自分が培ってきた「勝つゴルフ」の心得を後輩の八木のために語ったのであった。

こうして秋になり、11月10日から銀次郎の大学生活最後の大会となる信夫杯争奪大学対抗ゴルフが兵庫県の西宮高原ゴルフクラブで始まった。予選を経た13校5選手ずつが出場して上位4人のスコアの合計で争うが、先にも少し書いたように、銀次郎と米澤純也、森河伸治、中井隆男、野村惇の5人組で見事な優勝を飾ったのだ。

その翌日から同じコースで行う朝日杯全日本学生ゴルフ選手権も銀次郎が優勝を成し遂げた。1日36ストロークプレーを2日間。銀次郎は77・77・77・72のすべて70台であがり、トータル303打で2位の同志社大の三上正彦に3打の差をつけたのだ。銀次郎はこの大会3連覇。この年の学生全タイトルを手中に収めたのである。

当時の新聞記事がある。

「相手のプレーを見ながらのゴルフから、攻撃に変わったときの中部のゴルフは底知れない強さがある」

こうして銀次郎の大学生活とゴルフが終わった。苦い敗戦から始まった大学ゴルフ。「メダリストになれてもマッチプレーに弱い」と揶揄された銀次郎はもはやどこにもいない。「しぶといゴルフ」、「負けないゴルフ」と言われるまでになった。中部一族の「坊ちゃん」が精神的に逞しくなれたのはゴルフのお陰だった。それも父・利三郎の凜としたゴルフィングが根底にあったからである。

要諦 53
「スコアには執着しないがプレーには執着する。勝負どころを見極め、勇気を持って勝負する」

第5章

社会人下関時代

日本アマ連覇と父の死

プロの道を選ばず、大洋漁業に就職

甲南大を卒業した銀次郎は父の会社である大洋漁業に入社した。プロゴルファーへの転身を囁かれることもあったし、銀次郎もレベルの高いところで腕を上げたいという気持ちもあった。長兄も次兄もいるのだから、大洋漁業など中部家の会社を受け継ぐ責任の心配もいらない。自由にプロの道を進むこともできたはずである。

断念したのは体力的な問題だと言われてもいる。ゴルフを始めたのは体が弱かったからで、プロに必要な頑強な肉体ではないことが大きな理由だったと。子供の頃に見た島村祐正や大学時代に見た杉原輝雄の過酷な練習を見て、とてもではないがあんな練習はできないと銀次郎本人が述べたともいわれている。

しかし、銀次郎の大学時代は1日36ホールを4日間連続でプレーすることは普通のことだった。しかも炎天下の夏にマッチプレーという過酷な条件で行って、ほとんどの大会で優勝してしまう体力があったのだ。見た目はスリムなボディだったからかもしれないが、走り込みや鉄アレイを使ったトレーニングによって、大学4年のときには筋力、持久力とも相当高いレベルになっていた。酒や麻雀に溺れていたようなプロよりは余程体力はあったはずである。

精神力かといえば、これもマッチプレーで鍛えたメンタルタフネスは並のレベルではなかった。ショットが悪くても精神力でカバーして勝ち抜いてしまうことができた。「粘りの中部」とも言われていたのである。

では、技量に問題があったのかといえば、それは否めないところがある。確かに銀次郎と当たった選手は「プロよりも強い」といった表現を使うことが多い。しかし、ショットは肩を並べることができてもアプローチとパット、特にパット力については大きな差があった。実際、関西オープンでもベストアマは獲れても優勝したプロとのストローク差はかなりあったし、日本オープンでは予選突破さえ難しかった。それでもプロ入りして揉まれれば技量はかなり上がったかもしれないが、すぐに優勝ということにはならなかったに違いない。

賞金で生活の糧を得ているハングリーな人たちと、子供の頃から豊かな生活で暮らしてきた銀次郎が真っ向勝負して勝てるかということもあったに違いない。

ともかく銀次郎は卒業時点ではプロゴルファーになることを決断はしなかった。アマチュアでもオープン競技ならばプロと戦える。仕事をしながら技量を磨いてどこまでトッププロに迫ることができるのか。それからでもプロになるのは遅くないと考えていたのではないだろうか。

要諦
54
「周囲の甘い言葉に乗らず、自分の実力はいつでも自分自身が厳しく見極める」

伝家の宝刀、2番アイアン

銀次郎は下関にある大洋漁業本社の総務部2課に配属された。総務部であるから、定刻に始まり定刻に終わることが多い。週末もしっかりと休めるため、ゴルフに打ち込みたい銀次郎にとってはよい職場だったに違いない。平日は仕事を終えると練習場で打ち込んだ。このとき銀次郎がモノにしようとしたのが、伝家の宝刀となる2番アイアンだった。

浪人中に参加した世界アマで、銀次郎は距離のあるコースと、それをものともしないニクラウスなどパワフルな外国選手のゴルフに圧倒されたが、それに対抗するためには2番アイアンの精度アップが何よりも必要だと感じたのである。

しかもそれは日本のプロに対抗するためにも絶対必須のクラブであった。日本オープンなどの距離のある難しいコースセッティングで、飛ぶといってもアマレベルの飛距離の銀次郎にとっては、セカンドショットで確実にグリーンオンを果たすにはこのクラブをマスターする以外にはなかったといってもよかったのである。

「2番アイアンの精度をアップするためには、マットから打つというような生やさしいことではダメだと思い、打席の後ろのアスファルトの道の上にボールを置いて打ちました。ダフればクラブを傷つけるし、それを怖れればトップします。クラブヘッドを正確にボールに当てる必要がどうしても出てきます。クリーンにジャストミートすることを自分に課しました」

この練習によって、銀次郎は打ちこなすのが最も難しいと言われる2番アイアンを得意クラブにしてしまう。この自信はすべてのアイアンに及ぶわけだから、銀次郎の切れ味抜群のアイアンショットがさらに磨かれ、確実にグリーンをとらえられるようになったのである。

また、この2番アイアンの打ち込みは、アドレスに素晴らしいメリットをもたらすことにもなった。

「2番アイアンを練習するうちに、このクラブでアドレスが正しいかどうかをチェックできることに気づいたのです。なぜなら、ドライバーからサンドウェッジまでのクラブの中で、2番アイアンが丁度真ん中の長さのクラブだからです。ですから、この2番アイアンで正しいアドレスを作れば、どのクラブでも正しいアドレスできます。特にアドレスでの前傾角度。屈みすぎていないか、立ちすぎていないかといったことを、このクラブで調整できるといってもいいわけです」

こうして銀次郎はラウンド前の朝の練習で、2番アイアン1本だけを持って行くことが多くなった。2番アイアンを練習すれば、アドレスが正しくチェックでき、それだけですべてのクラブが上手く打てるはずだという考えからである。実際、そうだったのだ。

銀次郎は晩年、ラウンド前の練習は4番アイアンで行うようになったが、いずれにしてもロングアイアンでこの日の調子を見たり、アドレスをチェックした。今ではロングアイアンをキャディバッグに入れている人は少なくなったが、最も番手の小さなアイアンを練習してこそ、アイアンに自信が持てるのは昔も今も変わらないことであり、銀次郎流である。

要諦 54

「2番アイアンをクリーンに打つためにアスファルトの道上からボールを打った」

日本アマを取りこぼす

社会人1年目の銀次郎にとって、大きな大会は5月18日からのアジアアマゴルフチーム選手権だった。台湾、韓国、フィリピンなどアジア諸国が一堂に会す大会だったが、日本の強敵は陳健振、許勝三を要する台湾。しかし、日本チームは銀次郎が絶好調で個人1位となり、他に寺本昭義、広瀬義兼が頑張って優勝を成し遂げた。

6月15日からは3度目の日本アマ優勝を目指して、埼玉県の霞ヶ関カンツリー倶楽部に赴いた。このコースは笠幡の旧家の当主であった発智庄平の熱意で藤田欽哉と赤星四郎が設計し、アリソンが手を加えた関東の超名門。東コースが1929年（昭和4年）に、西コースが1932年（昭和7年）にオープンした日本最初の36ホールを有するコースである。戦後、西コースは井上誠一が改修している。1957年（昭和32年）には現・ワールドカップのカナダカップが開催され、中村寅吉・小野光一ペアが世界の強者たちを破って世界一になったことで世界的に有名なコースにもなった。

銀次郎が挑んだ日本アマは東コースで行われた。距離があり、小さなグリーンとアリソンバンカーが選手たちを大いに悩ますだろうと言われた。初日の36ホール・ストロークプレーの予選は慶応大を卒業したばかりの中川好正が149打でメダリストとなった。銀次郎は153打で7位タイだった。連日の雨が上がって好天だったことを考えると、このスコアはコースの難しさを物語っている。

2日目の決勝トーナメントの1回戦で銀次郎は波多野康二を2エンド1で下し、午後の2回戦は古賀秀策を5エンド4で破っている。3日目、36ホールとなった準決勝はロサンジェルスとベルリン五輪で棒高跳びのメダリストとなった西田修平の息子、西田升平が相手となった。運動神経抜群で切れ味鋭いプレーが信条の若武者だけに、銀次郎にとっては何をしでかすかわからない危険な相手だった。銀次郎は慎重に戦い、２エンド１で西田を退けた。

それで安心したのか、そのうえ、決勝は甲南大１学年下の森河伸治だったため、負けるわけがないと高をくくったのかもしれない。しかも最初のホールをあわやイーグルというアプローチでピンに当てるバーディを奪ったために気が緩んだのか、その後すぐに森河の逆転を許し、それも森河が奇跡的なチップインバーディを何発も奪うものだから、なかなかリードができない。ようやく午後の10番で追いつくのだが、森河がひるまずに攻撃的なゴルフを展開して銀次郎を引き離し、２エンド１で初優勝を遂げてしまうのである。

「僅かな油断が取り返しのつかない事態になるということ。一度流れを悪くしたら、なかなかよい流れにならないということです。それも心の油断が原因であれば尚更です。悔いを抱えてプレーを続けることになるからです」

銀次郎の生涯のゴルフ信条に「言い訳はしない」がある。それは「ゴルフにおいて言い訳は一切、無意味なことだ」と知り尽くしているからだ。しかし、負けたときには分析が必要である。それが自分のゴルフを成長させるからだ。

しかし、この１９６５年（昭和40年）の日本アマは銀次郎の完全な取りこぼしだった。日本アマ生涯６勝は偉業だが、７勝はできていたのだ。

要諦56「僅かの油断が取り返しのつかないことになる。一度流れを悪くしたらなかなかよくならない」

日本オープン、初のベストアマ

1965年（昭和40年）、日本アマの優勝を逃した後の7月は、鳴尾ゴルフ倶楽部で行われた関西オープンに出場し、4ラウンドを298打であがり、ベストアマを獲得した。19位タイだったが、優勝は杉原輝雄で282打。銀次郎とは16打の差があり、力の違いを思い知る。

8月下旬には門司ゴルフ倶楽部で朝日カップ西日本ゴルフが開かれた。銀次郎は初めて参加したが、1日36ストロークプレーを145打であがり、優勝を果たした。

10月には中・四国アマゴルフ選手権に出場し、36ホールストロークプレーの決勝で石本喜義とのマッチプレーのような戦いを制して、トータル292打で優勝した。

こうして、10月7日から名古屋市郊外の三好カントリークラブで日本オープンが開幕した。銀次郎にとって唯一獲っていないアマチュアタイトルが日本オープンのベストアマである。この年、日本アマを獲り損なった銀次郎にとって、何としても手にしたいタイトル

1963
1964
1965
1966
1967
1968
1969

だった。

　三好カントリー倶楽部は１９６1年（昭和36年）に開場したばかりのコースだったが、鳴尾ゴルフ倶楽部を設計したクレーン兄弟の一人、ジョー・クレーンが設計した戦略性の高さで話題を呼んでいた。距離があり、しかもフェアウェイにアンジュレーションがあるため、第2打が打ちづらい。かなりの技術力が必要なコースである。現在もトップ杯東海クラシックが開催されているチャンピオンコースだ。

　初日の首位はプロの石井朝夫。アマは三好をホームコースにしている纐纈資郎だった。2日目になると、首位は橘田規が奪い、アマは銀次郎がトップに立った。それは最終日も変わらなかった。18位だったが、初めて日本オープンベストアマを手中に収めたのだ。

　当時の新聞記事には次のように書かれている。

「アマチュアの中部銀次郎がこの日もプロが顔負けするような好ショットで、ゆうゆうベストアマになった。通算２９３ストロークは過去のページをめくってもなかなか見あたらない好スコアである」

　しかし、銀次郎には特別な感慨はなかった。というのも予選を通過した最終日の最初のラウンドで77を叩いたからだ。２８４ストロークで優勝した橘田規らプロと比べると余りに稚拙なプレーだった。１ラウンドは上手くプレーできても、４ラウンドをすれば本当に実力が現れる。アマには勝てても、とてもプロには勝てないと痛感したのである。

要諦57
「いくらアマチュアとして優れていてもプロとの差を痛感し、切磋琢磨していかなければならない」

ショットの「繋ぎ」

銀次郎はこの日本オープンでプロとともにプレーして、あることに気づかされた。それはショットとショットの「繋ぎ」だった。

「少し前までは、私は一つのショットにこだわっていました。プロよりもいいショットを打ちたいと頑張っていたわけです。しかし、それがスコアをよくしたかといえば必ずしもそうではないわけです。ショットがよければスコアがよくなるとは限らないということなのです。そこに自分とプロたちとの差がありました」

ショットのよさは好スコアを生み出すこととは別物だというわけだ。

「下関ゴルフ倶楽部には1961年（昭和36年）に日本オープンを制した細石憲二プロがいて一緒にプレーもしてもらいましたが、その都度、細石プロの素晴らしいショットに目を奪われてしまいます。ですから、練習でもラウンドでもよいショットを打ちたいとそればかりを考えてしまうわけです。ところが実はプロたちは一つ一つのショットにはさほどこだわってなく、ショットを繋げてパーやバーディを取ることを考えているのです。だからこそ、私よりも遥かによいスコアが出せるというわけなのです」

敢えて言えばスイングが美しくなくても、またショットがよくなくても、好スコアであがれるプロが強いプロなのである。これは上手いプロと強いプロとの違いでもあり、優勝できるのは強いプロだというわけである。

そして、銀次郎は「繋ぎ」を、強いプロがどう考えて行っているかに気がついた。

「ショットとショットを繋げるには、ティグラウンドからカップに向かうという普通の手順ではなく、逆にカップからティグランドに向かってプレーを考えると理解できてきます。たとえばパー5ならば、カップ近くに打つためには、どこに第3打を放っておけばいいか、そのためには第2打をフェアウェイのどこにボールプレースメントすればよいか。そのためにはどうティショットを打てばいいか、ということになります。となれば、攻略ルートがティグラウンドから見たときとは異なることが多くなるものです。どうすれば上手く繋いでカップにたどり着けるか、それがプロが考える『繋ぎ』というものでした」

銀次郎はカップからティグラウンドへの逆の攻略ルートを辿ることで、これまでよりも遙かにスムーズにショットを繋ぐことができるようになった。

銀次郎は言う。

「これはどんなゴルファーにも言えると思います。100を切っているゴルファーなら、ショットの繋ぎを覚えたり、ミスショットの予測をしていれば、簡単に90が切れるようになります。90前後のプレーヤーでもそうすれば80が切れるようにもなれるのです。ショットは今と同じでもスコアは確実に縮めることができるのです。その頃の私はまだまだショットをよくしたいということばかりを考えていました。しかし、社会人になって練習時間がとれなくなっていたのですから、それよりもはるかに『繋ぎ』を考えるべきだったのです」

新聞記者に「プロが顔負けするような好ショットを放っていた」と書かれたことで、銀次郎は「ではなぜプロのスコアに遙かに及ばないのか」を考えて気づいたことだったのである。

要諦 58

「ティグラウンドからグリーンではなく、グリーンからティまでのプレーを逆算して考える」

「窮屈さ」と「ポカ」

11月12日から関西アマゴルフが廣野ゴルフ倶楽部で行われた。予選は古賀秀策がメダリストとなり、決勝トーナメントでは銀次郎が纐纈資郎を破って優勝した。日本オープンのベストアマとこの優勝で、銀次郎は東京運動記者クラブが年末に選ぶアマの最優秀選手となった。

銀次郎はこのシーズンに「ショットの繋ぎ」以外に、スコアメイクに関する2つの問題点を認識し、来シーズンに向けてそれらの改善に努めようと考えた。

「一つは『窮屈さ』です。『窮屈さ』というのは、知らぬ間に自分で自分を追い込んで、自分を窮屈にしてしまうということです。あるホールをパーで切り抜けたいと思ったときに、OBや池が目に入る。するとナイスショットを強く望んでどんどんと窮屈になる。そうなるとほとんどの場合、体が硬くなってミスショットをしてしまうことになります。なので『窮屈さ』を感じたときには、クラブを持ち替えて刻むことにしたり、敢えて大きくゆったりと構えて『窮屈さ』を取り除いてあげるのです」

銀次郎が問題にするもう一つの事柄は『ポカ』である。銀次郎の言う『ポカ』は1つのホールで大叩きをすること。その頃の銀次郎にはOBさえ打たないのにダブルパーを叩くということが結構あったのだ。

「『ポカ』がやっかいなのは、交通事故のようにいつ出るかわからないということです。慎重にやってきていても突然8とか9が出てしまう。さらにやっかいなのは、それが癖になることです。しかし大方の原因は『油断』と『無理』にあります。たとえば『油断』で言えばティショットで風を考えないで何となく打ってしまう、セカンドショットではライに注意せずに何となく打ってしまうといったことです。このちょっとした不注意で、大怪我をしてしまうことになります。『無理』というのは、たとえばOBをしたらダボで仕方ないのにボギーであがろうとする、深いラフに入ったのに長いクラブでグリーンを狙う、林に入ったのに僅かな隙間を狙うといったことです。こうしたことはアベレージゴルファーにも多いと思うのですが、それを解消するだけで大幅にスコアは縮まると思います」

さらに銀次郎は「一緒に回る相手に振り回されないようにしなければならない」と言っている。

「人間には闘争本能があると思うのです。ですから、一緒に回っている組に飛ばし屋がいると、どうしてもその人間よりも飛ばそうとしてしまう。4人のうち3人がナイスショットしたら、自分もナイスショットをしなければならないと思ってしまう。ライバルや嫌いな人間が同じ組にいれば、そいつにだけは負けたくないと思ってしまう。どうしてもそういう気持ちになってしまうのです。ゴルフはひとりでプレーできるスポーツではありません。必ず一緒に回るプレーヤーがいるスポーツです。だからこそ、ゴルフでは、常にマイペースで『自分は自分』と思ってプレーしなければならないし、コースを相手にプレーしなければならない。そのためにはプレーに集中すること。一緒に回る人には迷惑にならないようエチケットやマナーには十分な配慮をしますが、ショットは相手を考えずに集中すること。相手のプレーを気にすることなく、何となくいるなくらいに思ってプレーすることも大切なのです」

このこともまた、アベレージゴルファーにとって大切な教訓である。

要諦 59
「『窮屈』を感じたら取り除いてからプレーする。大叩きの『ポカ』は『油断』せず『無理』せずで犯さない」

プロとアジアの試合を転戦

1966年（昭和41年）が明けると、銀次郎はプロたちとアジアを転戦する極東ゴルフサーキットに誘われた。2月下旬から4月上旬にかけての1ヵ月半にも及ぶ長期のツアーで、フィリピン、シンガポール、マレーシア、タイ、香港、台湾、最後に日本を回る7試合を行うものである。

プロはカナダカップ（現・ワールドカップ）に優勝した中村寅吉と小野光一を筆頭に、小針春芳、石井迪夫、石井朝夫といったベテラン、橘田規、杉本英世、細石憲二、安田春雄といったいずれ劣らぬトッププロたち36人だ。アマチュアは銀次郎の他に広瀬義兼・義晋兄弟、山田健一ら5人。日本ゴルフの発展と向上を目指すために大選手団が組まれた。中村はこのツアーに大張り切りで、猛練習を積み、引き締まった体を披露。銀次郎は仕事もあったが、ゴルフの腕をさらに高めたい一心でツアーに臨んだ。

第1戦のフィリピンオープンはフィリピンのルイス・シルベリオが優勝、第2戦のシンガポールオープンはニュージーランドのニューデックが前日首位だった杉本英世に逆転優勝した。第3戦のマレーシアオープンは南アフリカのハロルド・ヘニングが優勝し、日本選手では石井富士雄が3位に入った。第4戦のタイオープンはようやく日本の橋田規が優勝し、銀次郎はアマ選手の3位となった。続く第5戦の香港オープンは杉本英世が2位、優勝はオーストラリアのフランク・フィリップスだった。

第6戦の台湾オープンは初日から台湾勢が上位を独占し、優勝は呂良煥、2位は郭吉雄、3位は陳健忠。最後の舞台となった日本は読売オープンの名で読売カントリークラブで行われ、初日は下関の細石憲二がトップに立ったが、最終的には英国のヒュー・ボイルが優勝した。この試合で銀次郎は初めてベストアマに輝いた。7試合を経た総合優勝は台湾の呂良煥に決まり、2位は杉本英世だった。

銀次郎がこのツアーで学んだものは大きかった。プロたちの高い技量。暑さに負けない体力。鎬合いを制する精神力。日本のプロとて銀次郎には高い存在だったが、それを凌ぐ台湾やオセアニアの選手。さらにその向こうにはニクラウスたちアメリカの選手がいる。

学生やアマチュアの日本一にはなったが、プロのレベルとはまだまだ差があり、さらにアジアや世界に目を向ければ、相手は遙か彼方であった。

「アジアにも強い選手がたくさんいることを知りました。しかし、頑張っていけばいつかは日本やアジアのプロ、さらにはアメリカのプロにも追いつけるのではないかという思いも強く持ちました。自分の長所を伸ばし、弱点を克服する。課題が明確になりました」

アジアの過酷な環境の下で年長のプロたちの間で揉まれ、銀次郎は逞しくなった。真っ黒に日焼けした顔と体には自信が蓄えられた。緒戦のフィリピンオープンでスイングを崩してしまい、7試合とも結果はよくなかったが、心技体ともつかんだことは大きかった。それとプロたちとのツアー生活がとても刺激的で楽しかったこともある。しかし、このままアマでいるのかプロになるのか、まだまだ銀次郎には決断がつかなかった。

要諦60

「自分の長所を伸ばし、弱点を克服する。それが何かを見極めて精進するだけである」

ミスショットの練習

極東ゴルフサーキットを終え、5月の西日本オープンでベストアマとなった銀次郎は6

月6日からの日本アマチュア選手権に臨んだ。銀次郎は試合に向け、新しい練習法を自らに課した。それは「ミスショットの練習」という特異なものだった。極東サーキットでプロたちのゴルフを見て、益々ミスショットの対処法を思い知らされた。

「どんなトッププロでもミスをする。それがゴルフというスポーツなのだから仕方がないのですが、プロたちはそこで決して意気消沈しません。一発のミスショットで崩れることがありません。最小限の傷に抑えてしまう。ところが私はミスショットの原因が気になって小さな傷でも大きくしてしまう。それを防ぐには、あらかじめどんなミスが起きうるのかを知っておくことと、ミスに対してのメンタルタフネスを鍛えることだと思ったのです」

銀次郎はこうしてどんなミスがどんなときに出るのかを徹底検証した。欠点を見出す練習を行ったのだ。ミスを敢えてしてからのリカバリーショットも練習した。それもリカバリーショットの限界と成功率を確かめた。コースではラウンドしながら、林の中から打つ練習、ディボットから打つ練習、深いラフから打つ練習を行った。練習場では敢えてベアグラウンドから打ったり、板の上から打つ練習を行った。

この練習がズバリ、日本アマに生きてくる。舞台は福岡市郊外の古賀ゴルフクラブ。玄界灘に面した白砂青松の古賀海岸沿いに造られたコースで、1953年（昭和28年）に9ホールが開場し、1957年（昭和32年）に上田治が改修して18ホールのコースとなった。

銀次郎が少年時代に唐津ゴルフ倶楽部で世話になった島村祐正が古賀ゴルフクラブの所

属プロとなり、関西プロ3連覇を果たすなどしてこのコースを有名にした。当時は距離はさほどないが、玄界灘からの風向きによって使うクラブの番手が大幅に変わる難しいコースだった。

初日の予選は玄界灘の風がやわらかだった。グリーン周りも最高のコンディションで、117名の選手は思う存分腕を競い合った。銀次郎は荒いプレーが目立ち不調を伝えられていたが、36ホールを71・75の146打であがり2位。メダリストは銀次郎より1打上回った兄の一次郎が獲得した。

ベスト16による決勝トーナメントは翌2日目から行われ、銀次郎は1回戦で沼沢聖一を2エンド1、2回戦は前田正一郎と19ホールの延長の末に1アップで勝った。ドライバーショットは右にも左にも曲がり、極東サーキット緒戦で崩したスイングが元に戻っていないようだった。しかし、巧みなアプローチとパットでなんとか勝ち上がると、準決勝の汐待久記戦は47歳という汐待の体力的な問題があったこともあるが、銀次郎のリカバリーショットがことごとく決まり、5エンド4という大差で勝った。松林からわずかな隙間を縫ってピンに寄せる技ありを何度となく披露して大歓声を浴びたのだ。

要諦61

「ミスショットの傷を最小限に抑えるために敢えてミスショットの練習を行う」

見事なリカバリー

決勝は2年ぶり3度目の日本アマ対戦となる田中誠。午前中は雨が降り、度の強い眼鏡をかける田中にとっては不利で、前日まで面白いように決まったパットが入らない。一方、銀次郎もドライバーショットが曲がり倒すという荒れたゴルフで、銀次郎リードながらも何が起こるかわからない様相だった。しかし、勝負がかかってきた後半で銀次郎がまたも松林からスーパーリカバリーを何度も成功させる。松林から目の覚めるようなラインを描いてピンそばに落ちた。

新聞記事にはこう書かれている。

「12番では木の根っこ。とても人間業で打ち出せるものではなかったが、弓のように腕がしなってビシッという快音が残ったら、球はちゃんとグリーンの上にあった」

詰めかけたギャラリーは博多弁で「わざと林に入れてクサ、いいとこば見せよんしゃるとやなかろうか」と言って手を叩いたという。

銀次郎は晩年、「林からは常に安全に横に出していた。後ろにさえ出すほど徹底していた」と言われるが、24歳の銀次郎は危険を顧みないチャレンジャーだったと言うべきか、ミスショットの練習で自信をつけていたと言うべきか。とにかくは「ミスの練習」が役立って、日本タイ記録となる3度目の日本アマ優勝を成し遂げたのである。

この年はその後、ショットが徐々によくなってきて、7月末の朝日カップ西日本ゴルフに優勝、9月には西日本クラブ対抗ゴルフで67・69の好スコアで下関ゴルフ倶楽部を初栄冠に導き、関西アマゴルフでも決勝で40歳のベテラン大川清に8エンド7という大差をつけて優勝したのだった。10月の日本オープンは佐藤精一が初優勝し、ベストアマは銀次郎が17位とはいえ、2年連続で獲得したのである。さらに10月末からのメキシコで開催された世界アマでは、日本チームは8位だったが、銀次郎は個人の部3位タイに入る大健闘。11月末の下関オープンにも出場し、優勝は細石憲二、銀次郎はベストアマになった。

要諦 62

「林やディボット、ベアグラウンドからのリカバリー練習で勝負強さを身につけた」

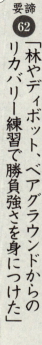

メモの効用

銀次郎がこの年の後半、ショットがよくなってきたのには理由がある。それは高校時代から行ってきたメモが銀次郎を立ち直らせたのである。

銀次郎はキャディバッグにメモを忍ばせて、気になっていることを書きつけている。練習した後、ラウンドした後、試合の後、とにかく気になることがあれば、キャディバッグに忍ばせたメモに記しておくのだ。

メモをつけ始めた高校時代は、ベン・ホーガンのスクエアグリップに変えると同時に、スイングプレーンに沿ってスイングするというスイング改造も行っていたときだけに、それらのポイントを記していた。

「(左手の親指と人差し指の) V字があごを差しているか」「(目標に対して) スクエアに構えられているか」「インサイドにバックスイングしているか」「トップは (正しい位置に) 収まっているか」

こうしたことをメモして、練習に精を出したのである。

ラウンドのときには練習とは違うことをメモに記した。

「ボールをよく見て打て!」「打ち終わった後もボールの位置を見ておけ」「ゆっくりバックスイングせよ」

スタートホールのティグラウンドで、そのメモを読み返してからティショットすることも多かったのである。

大学時代はレベルが上がってきて、アドレスに関しての細かいチェックが多くなる。「右手のグリップをスクエアに」「常にスクエアに立つ」「背骨を反らす」「左肘を少し下に向ける」「膝を曲げる」

ミスショットのほとんどがアドレスでのわずかな間違いによって起きることを認識し始めたからである。

社会人になってからもメモを取り続けるが、やはりアドレスに関してのことが多く、大学時代から変わらないことも多い。それらを少し詳しく見てみよう。我々アマチュアにも大いに参考になるチェックポイントだ。

「飛球線に平行に構える」

ゴルフで最も難しいのがこのこと。日常生活の中で、目標に対して正確に真横に立つということがまったくないからだ。だから、目標とボールを結ぶ飛球線に対して、両足の線、両肩の線を平行にすることを敢えて意識してしなければならない。自分では平行にしているつもりでも右に向いてしまうことが多いので、練習ではクラブのシャフトで十字を作ったりしてチェックする。また、グリップの関系で右肩が前に出やすいので注意する。毎日やってもすぐにできなくなるので常にチェックする。

「背筋を伸ばす」

これは「背骨を反らす」ということと同じことである。尻を突き出して上に向けると、腰から上が反る。余り反りすぎても辛いから、腰骨から首、後頭部までが一直線になるように背筋を伸ばすのだ。こうすれば背骨が軸となって回転運動がスムーズになる。背中が丸まっていては決してよいスイングにはならないのである。

「背骨は垂直に」

ボールを斜めから見たりすると背骨が斜めに傾きやすい。背骨は地面に対して垂直になっていないとスイングプレーンが歪んで、ボールが曲がりやすくなってしまう。なので、頭の位置を常にスタンスの真ん中にあるようにアドレスしなければならない。

「あごは引かずに上げる」

頭は空から引っ張られているという感じを維持し、俯いてはいけない。つまりあごは引かずに上げておく。ボールを睥睨するように見るのだ。こうすればバックスイングで左肩がスムーズにあごの下までしっかりと回ってくれる。

「膝は曲げる」

アドレスで膝にゆとりがないとスイング中、下半身が安定しない。バックスイングで右膝が右外に動くという致命的なミスにもなりやすい。

「左肘を下に向ける」

銀次郎は「サル腕」といって肘が回りやすかった。このため、グリップをスクエアにしても肘の向きで変わってしまうため、肘を下向きに一定にすることによってグリップも安定することになった。同じ理由で、銀次郎は右肘の位置にも注意していた。

「肩からだらりと下がったところが手の位置」

手が前に出やすい。つまり、体とグリップの間が広い人が多いが、これはスイング軌道がまばらになりやすく、その結果ショットの安定性に欠ける。銀次郎は手と体の位置が近かったが、それは肩からだらりと手を下げたところでグリップしていたからだ。こうすれば、子供の頃に頭を壁につける素振りをしても手が壁に当たらず、スイング軌道が安定する。ショットの安定性をもたらすわけである。飛ばそうとすると得てして、手と体の間隔が広くなるので注意していたのだ。

要諦 63
「いつでも正しいアドレスが作れるように要点をメモに書いてチェックする」

日常生活にゴルフ

銀次郎はこうしたアドレスにおいてのチェックポイントを、日常生活にも取り入れて癖をつけていた。それは今でも伝説のように語り継がれている、「酒を飲むときでも背筋を伸ばしていた」「食事をするときはいつも正面を向いて箸を真横に置いていた」「タバコの吸い殻まで真横に並べていた」「人との待ち合わせでも垂直に立っていた」などである。

アドレスではもう一つ、大事なことをメモに書いていた。

「左手8、右手2」

これはアドレスしたときの手の握りの強さを示している。銀次郎は右手を強く握ってスイングすると軌道が安定しないと考えていた。なので、左手を強く握って左手主体のスイングをしていたのだ。右手は添えるだけと言っている。

スイングについては2つのことが常に記載されていた。

「頭を動かすな」

これは背骨を軸とした円運動のスイングをぶらさないためということである。もちろんこのためには打つときは当然ボールをよく見て、打った後までボールのあった位置を見続けることが必要だ。つまり、「ヘッド・ビハインド・ザ・ボール」になっておく必要があるのだ。もちろん、壁に頭をつけて素振りをしていれば、これも習慣化できるだろう。

「右腰を動かすな」

銀次郎はバックスイングで右腰が右へスエーしないように注意していた。スエーはショットの調子が悪くなるときによく起きていた。これは右膝が右外に動くことも意味している。右膝、右腰が動かずにバックスイングで体の軸が動かなければ、後は振るだけで自然にナイスショットになるというのが銀次郎の考えであった。

銀次郎は言う。

「メモは自分のために取ったものなので、感覚的なこともありますし、万人に共通する事柄でもありません。でもメモをつけたことによって、調子を崩さずに済むこともできますし、崩れた調子を元に戻すこともできます。特にアドレスは視覚的にチェックできるものなので、手や肘の位置や形、足や膝の位置や形は細かく書いて、常に同じ形に構えられるよううチェックしていました。上達したいと思われる方にはぜひメモを取ることをお薦めします」

こうしたチェックポイントのメモを注意することによって、銀次郎の荒れていたドライバーショットは徐々によくなっていった。

ドライバーショットのメモとしては次のようなものもある。

「左膝のやや内側にボールを感じる」

これは「上手く当たりそうだと思えるアドレスでの感覚だった」と銀次郎は言っている。「上手く当たりそう」の確信は、構えたときの感覚。その感覚を得るためのアドレスのポイント。それを自分なりに持つことはとても大切なことである。

こうして、銀次郎のゴルフ全体の実力は、この年、学生時代よりもかなり上がった。青臭さが抜け、逞しいゴルフに変化していった。

要諦64
「よいスイング、よいショットができる自分だけがわかる感覚を持つことだ」

オープン競技でプロに勝つ

1967年（昭和42年）の冬も極東ゴルフサーキットが行われ、銀次郎は再び参戦した。第1戦のフィリピンオープンは台湾の許勝三、第2戦のマレーシアオープンはフィリピンのイレネオ・レガスピ、第3戦のタイオープンは石井朝夫、第5戦の香港オープンはオーストラリアのピーター・トムソン、第6戦の台湾オープンは謝永郁、最終戦の読売オープンは河野光隆が優勝した。

読売オープンの最終日は、これまでの人生初めてといってもよい、プロとの優勝争いを経験した。結局、優勝はお預けとなり、獲得したタイトルはベストアマだったが、この極東アマサーキットでは6試合中4度のベストアマに輝いた。この結果、極東のアマ王者となったのである。

読売オープン、試合後の銀次郎の話が興味深い。

「3日目の14番で河野選手と同じ通算5アンダーで並んだときは、正直なところ、優勝を狙いたいと思いました。ところがオープン競技の優勝争いは未経験ですし、どう戦えばよいのかわかりませんでした。結局、次の15番で守りのゴルフをしてしまい、この1ホールの失敗で躓いてしまいましたが、競り合いでは守りよりも攻撃でなければならないということを学びました。貴重な体験でした」

下関高2年のときに公式競技の関西アマに初めて出場してメダリストになってから9年が経った。2月に25歳となった銀次郎は初めて、プロと対等に戦えるまでになってきたという自信を得たのである。

こうして5月11日、12日と前年初出場した西日本オープンゴルフ選手権に出場したのである。会期が2日間といっても並みいる強豪プロたちが1日36ホールを回る72ホールの正式競技。銀次郎は遂にこの大会でプロたちを抑えて優勝してしまったのだ。

舞台となった門司ゴルフ倶楽部は銀次郎が小学生のときに父の利三郎や兄たちと一緒にプレーしたコース。思い出深い懐かしいコースである。大会初日は五月晴れに恵まれ、風も爽やかな微風。銀次郎はスタートからショットの調子は最高だった。

1番、2番で連続バーディを奪い、この日の第1ラウンドを68の好スコアで、一緒に回ったプロ、藤井義将と並ぶトップタイに躍り出た。第2ラウンドはショットが荒れる藤井を圧倒するドライバーショットを放ってリードを奪うが、15番で林に打ち込んだボールが木の根っこ。ダブルボギーを叩いてインがパープレー。アウトで息切れしてボギーを叩いて74と、この日を藤井と同じ142打で終え、2位となった。首位は門司ゴルフ倶楽部のプロ、上田鉄広が140打のスコアだった。高麗グリーンのコンディションが今一つで、パットの命運が勝敗を分けると思われた。

大会2日目は薄曇りで微風の初日同様のゴルフ日和。銀次郎は首位の上田、自分と同じ2位タイの藤井、そして3位の小倉ゴルフ倶楽部の西宮辰幸と最終組を回った。銀次郎以外は皆プロである。

銀次郎はスタートからショット、パットとも好調で、午前のラウンドの12番ホールで上田をとらえ、14番でバーディを奪って逆転。15番、18番でもバーディを奪って68の好スコアで、上田に4ストローク、藤井に8ストローク、西宮に5ストロークの差をつけた。3人のプロは一緒に回る銀次郎に煽られる形となって自滅状態だった。

こうなれば午後のラウンドは銀次郎がアマゴルフで身につけた「オールドマンパー」で、パーおじさんとともに静かなゴルフ旅を続ければよいわけで、実際にその通りのプレーをして2位に食い込んだ熊本ゴルフ倶楽部のプロ、平野勝之に6打の差をつけて圧勝したのである。

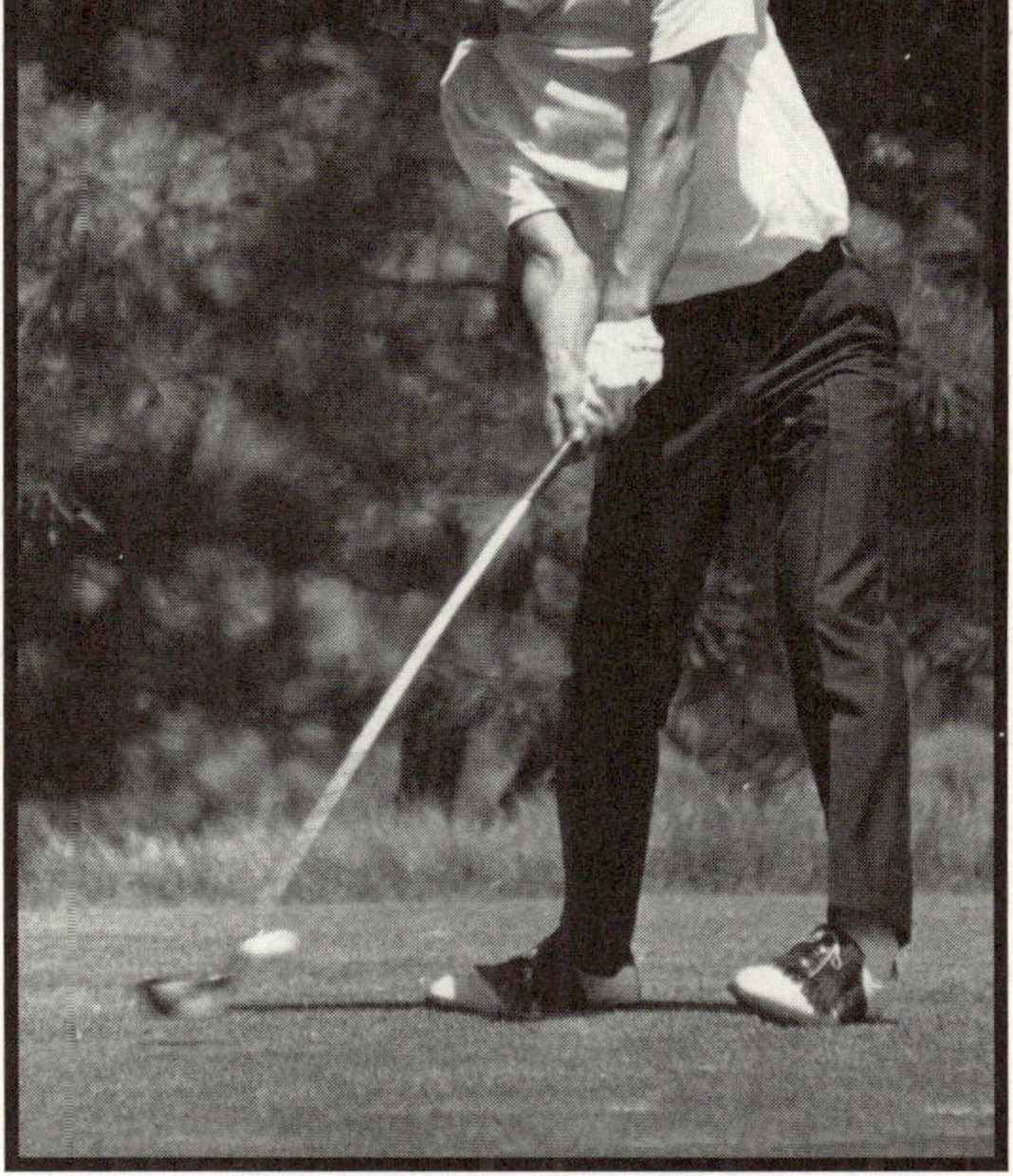

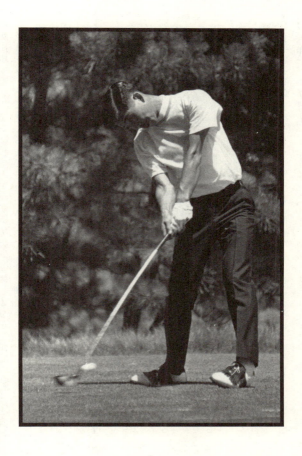

プロが出場するオープン競技でのアマチュアの優勝は、1927年（昭和2年）の日本オープンで優勝した赤星六郎以来、40年ぶり2人目の快挙だった。

「こんなに楽勝できるとは思いませんでした。目立ったミスもなく、午前のラウンドで4ストローク開いたので勝てると思いました。昨年よりもずっと自分のゴルフが進歩したと思います」

スーツにネクタイ姿、きちんと髪を七三に分けるハンサムガイ。泥臭いプロとは違う爽やかな銀次郎が大きな優勝カップを抱く姿は本当に格好よかった。

中部銀次郎、25歳、いよいよゴルフが本物の強さを発揮し出していた。

要諦 65

「競り合ったときは、守りのゴルフではなく、攻めのゴルフを展開すべし」

マッチプレー巧者

1967年（昭和42年）6月、銀次郎にとって8回目となる日本アマチュア選手権が千葉県の我孫子ゴルフ倶楽部で開催された。

この我孫子の地は手賀沼を好んだ大正から昭和にかけての文化人が別荘地とし、「北の鎌倉」と呼ばれていた。その地に庶民のためのゴルフコースを造ろうとしたのが染谷正治元我孫子町長。浅野造船の重役だった加藤良の助けを得て、赤星四郎・六郎兄弟の設計で昭和5年に開場し、戦後に井上誠一が改修して今日に至っている名門コースだ。

この年の日本アマのときは、距離が6700ヤードと比較的短かったが、グリーンが小さく、グリーン周りは深いバンカーで囲まれているうえに、さらにラフを深くし、ピンポジションを難しくしていた。

そんな我孫子ゴルフ倶楽部で行われた日本アマはこの年から決勝のマッチプレー方式を止め、72ホールによるストロークプレー方式となった。銀次郎はこれまで達成できていない連続優勝を成し遂げたいと思っていたが、今や「メダリストの2回戦ボーイ」の汚名は払拭され、逆に「メダリストにはなれないがマッチプレーには強い」の評価が下っていた。

しかし、西日本オープンでプロたちをストロークプレーで破って優勝した銀次郎にとって、今やストロークプレーであろうがマッチプレーであろうが、勝てる自信は十分にあった。

「マッチプレーは確かに駆け引きがあります。駆け引きができない選手は相手のOKパットにも外すことを期待してOKを出さずに打たせますが、駆け引き上手なら逆にずっとOKを出しておいて、ここぞというところでOKを出さないということもやります。相手は

OKがもらえると思っているから気が動転して外すというわけです。OKを出さずにゲームを進めるのは、相手にパットの練習をさせていることにもなります」

マッチプレーほど、心理戦のゲームだと言えよう。

「ショットにおいてもティショットはわざと飛ばさずに、セカンドショットでピンそばにつけて、後に打つ相手を動揺させることもあります。また相手のミスにわざと付き合ってダメージを与える戦法もあります。相手がラフに打ったら自分も同じラフに打つ。相手がクロスバンカーに入れたら、自分も同じバンカーに入れる。そして先に打ってグリーンに乗せるわけです」

銀次郎だけでなく、相手のペースを崩させようと、わざとスローペースにしたり、打ったら走るということをやる選手もいる。いずれにしてもこうした駆け引きは銀次郎が学生時代に老獪なベテランゴルファーからやられたことでもある。やられてカッと来たり落胆したりして2回戦ボーイから脱却できなかった。しかし、今の銀次郎はそうした駆け引きが自分からできるし、やられても「やってる、やってる」と笑い飛ばせるほどに力がついている。

しかし、マッチプレーで心底悟ったことは「マイペースでゴルフをする」ということである。これは「オールドマンパー」のゴルフをするということでもある。相手を見ているようで見ていないのだ。「意識しているが、意識せず」といったゴルフができている。だから、マッチプレーであろうがストロークプレーであろうが、強さを発揮できるというわけである。

要諦66
「マッチプレーでの駆け引きを客観視できる余裕を持ち、笑い飛ばせるほどになっていたい」

アプローチは転がしに限る

さて、1967年（昭和42年）、3日間、72ホールで勝敗を決するストロークプレー方式に変わった日本アマである。銀次郎は自分のゴルフに集中して初日を終えた。スコアはロングヒッターの学生、島崎正彦に1打及ばずの71だったが、この日、銀次郎は1ホールも我孫子の小さなグリーンを外さなかった。すべてパーオンだったのである。ショットは完璧だった。パットが決まっていたらとんでもないスコアになっていたのである。

2日目の銀次郎はややショットが乱れた。しかし、素晴らしいアプローチでパーどころかバーディを奪ってしまう。2番ホールではバンカーエッジから25m離れたピンに直接放り込む。18番でもグリーンエッジから6番アイアンで転がしてチップインである。スコアは69とショットが完璧だった前日を上回るものだった。

銀次郎はかねがね、「アプローチは転がしに限る」と言って、ロブショットを封印している。もちろん、ロブショットだけなく、柔らかく上げたり、スピンをかけて止めることもできる。しかし、最も寄せられる確率が高いのは「転がし」だと、バンカー越えなどの特殊な状況以外はそれ一辺倒でアプローチする。

「アプローチで使うクラブは6番から8番で、パターと同じようなストロークで転がします。チップインもありますし、最も賢明なアプローチです。ボールからグリーンまでの距離、グリーンからピンまでの距離によって、9番アイアンやピッチングウェッジを使いますが、ボールを落とすポイントはすべてグリーンエッジを越えた一番近いところ。近いほど正確に落とせるわけですから、そこを狙います。あとは自然にピンまで転がっていくクラブを選べばいいわけです。ですから、サンドウェッジはほとんどアプローチでは使わない。ボールをスタンスの真ん中に置いて、クラブをスクエアにセットして、インサイドに引いて、鋭角に打ち込むことなくロフト通りにボールを直かに打つ。ボールは低めに出てかなり転がる。とにかく、それだけのことしかやりません」

銀次郎はバンカーでも同様である。

「バンカーショットではサンドウェッジのフェースを開いたりなどしません。バウンスがあるサンドウェッジなら、フェースを開かなくてもエクスプロージョンショットはできます。アプローチでもそうですが、フェースを開いたりなどするから難しくなるのです。敢えて上げようとかせずに、そのままアプローチショットのようにロフト通りにボールを打って転がします」

2日目の2回のチップインもまさに銀次郎の「転がしセオリー」が成功したというわけなのだ。

ともかくは、この2日目のプレーで首位に立った銀次郎は最終日を迎えた。この日は午前・午後に1ラウンドずつ行う36ホールプレーだ。銀次郎は午前のラウンドではややショットを乱すこともあり、深いガードバンカーにつかまってボギーを叩くこともあった。スコアは1オーバーの73。しかし、銀次郎を追うライバルの森道応や島崎正彦が77と叩いて優勝圏外から去っていった。もはや銀次郎の午後のラウンドは手堅く「オールドマンパー」のゴルフで十分に優勝できるものだった。

ところが、銀次郎は優勝よりもスコアに挑戦するとばかりに攻めていく。積極的にバーディを狙うゴルフで71。パットが入れば60台のゴルフだった。4日間トータル284ストローク。2位の森道応に9ストロークの差をつけたブッチ切りの優勝だった。

日本アマ4度目の優勝。この攻撃的なゴルフに、誰もが新たな銀次郎を見たのである。

要諦67
「アプローチは転がしに限る。寄る確率が最も高く、チップインもあるからだ」

青木功にプロ魂を説く

ブッチ切りの優勝を果たした日本アマ。舞台となった我孫子ゴルフ倶楽部は後に銀次郎が「青ちゃん」と嬉しそうに呼ぶ青木功がキャディをやっていたコースでもある。

青木は1942年（昭和17年）の8月生まれだから、2月の早生まれの銀次郎とは学年こそ違え、同じ年生まれである。貧しい農家の4人兄妹の末っ子として生まれた青木は中学を卒業すると、キャディをやりながら生活費を稼いでいたが、そのときに中部三兄弟と父の利三郎が我孫子ゴルフ倶楽部を優雅にプレーするのを見ていたという。

そんな青木は銀次郎が我孫子ゴルフ倶楽部で日本アマに勝つ3年前の1964年（昭和39年）にプロとなった。青木はフックで強烈に飛ばすが、優勝がかかる土壇場でそのフック病で崩れ、優勝を何度となく逃していた。グリップをスクエアに変え、血の滲むような練習を経て、ようやく勝てたのが、1971年（昭和46年）の関東プロ。1972年（昭和47年）も関東プロの1勝だけ。1973年（昭和48年）から何勝も挙げるようなトッププロとなる。

そんな青木が銀次郎と仲よくなったのは1975年（昭和50年）頃。青木は銀次郎の切れ味鋭いアイアンショットに目を奪われて、自分もそうしたショットを身につけたいと願い、銀次郎のスイングを盗み、ベタ足打法になっていく。

「銀ちゃん、銀ちゃん」

青木はすっかり銀次郎に心頭してそう呼ぶ。中部家の御曹司故に銀次郎を「銀ちゃん」なんて呼ぶプロは誰もいないから、銀次郎も驚いたが、青木の裏も表もない人柄に惹かれてしまう。いつしか銀次郎も「青ちゃん」と呼ぶようになったのだ。

それからは青木が毎週月曜の試合の休みの日に、銀次郎を誘って飲み歩くようになった。ハシゴを何軒もして、明け方になることも多かったという。

「銀ちゃんとはゴルフをしたことは数回しかなかったけど、毎週飲みに行った。話題は日曜の試合の俺のゴルフのことになるわけだが、銀ちゃんによく叱られたもんだ。たとえば『胸張って歩け』ってね。それがプロだろうって。俺は調子が悪いとすぐに態度に出て下を向いて歩くらしい。それを戒められた。それじゃあ、プロとして情けないよということだろう」

そしてもう一つ、「ブッチ切りの青木」と呼ばれるようになるアドバイスも銀次郎から受けている。

「ある試合でね。俺が2位の選手には差があるからと、最後のパットをいい加減に打って外したことがあるんだ。それを銀ちゃんは『1ストロークでも離しておくもんだ』ってね。銀ちゃんじゃなきゃ、『なんだよ、外したって優勝は優勝なんだからいいじゃないか』って言うところなんだけど、銀ちゃんは『もう青木には絶対に敵わないっていう強さを見せつけておくことが大事だ』って言うんだ。そう言われるともっともだなと、それからは忠告に従って圧倒的な強さで勝とうと思ったんだ」

銀次郎が青木に話した「圧倒的な強さを見せつけて勝つ」ということは、実はこの1967年（昭和42年）の日本アマで自ら身につけた勝ち方だったのである。少しの隙もなく、油断を見せずに、圧勝する。それは、中部銀次郎という「名前」で勝てるようになることも表しているのだ。

「事実、中部銀次郎という名前だけで勝てた試合も数多くありました。それは、単に優勝するというだけでなく、スコアを縮められるだけ縮める努力をして勝つということ。1打でも少なくして勝つということ。そうした勝ち方を示して圧勝することが必要なのです」

このことは、もはやアマチュアの考え方ではないと筆者は思う。プロゴルファーにも勝った銀次郎は、この日本アマを「プロ魂」を持って勝ったといってもよかった。青木が銀次郎から言われた「それがプロってもんだろう」の言葉は、そのままアマチュアであった銀次郎のスピリットとなっていたのだ。

要諦 68

「常に1打でも縮めて勝ち、圧倒的な強さを見せる。それがプロ魂というもの」

理想のゴルフを目指す

銀次郎は圧倒的な強さで日本アマの優勝を果たした。それも念願の日本アマ2連勝を果たした。ところが、優勝カップを抱いたときにも嬉しさが込み上げてくることはなかったし、感慨も湧いてこなかった。それが自分でも不思議だった。記者たちの質問にもこう答えている。

「今回の日本アマの出来は中の中くらい。初日でバーディチャンスが5回もありながら逃すことが多かった。まだまだです」

圧勝しても「中の中」と言ってしまう銀次郎は、もはや日本アマの優勝よりも、自分の理想とするゴルフができるかどうかにこだわるようになっていた。それはプロたちの高いレベルを肌で知り、アマチュアでいながらプロたちを破って日本一になることを目指したといっていい。

それが「プロ魂」である。アマチュアでいながら、「プロ魂」を持って試合や練習に臨み、プロとアマが参戦する国内最高峰の試合である日本オープンに勝とうとしたのである。もちろん、それは秘めたる思いだったが、西日本オープンに優勝した銀次郎にとって、それは叶わぬ夢には思えなかった。

1打1打を自分がイメージした弾道で打つ。思い描いた攻略ルートに即して確実にプレーする。こうして、完璧なゴルフに近づくよう、自分の素質の限界まで極めたいと思ったのである。

銀次郎はこんなことを言っている。

「自分というコップの中にどれだけの水を注ぎ入れることができるか。私は溢れるまで水を注ぎ入れる努力を惜しまない」

銀次郎は日本アマに3度目の優勝を果たした今、自分の理想とする山に向かって登り始めた。見果てぬ自分の最高峰。これほど困難な作業はないかもしれないのに。銀次郎はそのときの日本アマ優勝を機に、ゴルフを追求してやまない求道者としての道を選ぶことになってしまったのだ。もはや、プロもアマチュアもない。自分の最高峰を求め、日本の最高峰となる。結果、日本オープンに優勝する。

それは憧れのボビー・ジョーンズが果たしたゴルフ人生だった。ゴルフというものを追求し、自分のゴルフを確立し、結果、全米オープンや全英オープンに優勝してグランドスラムを達成したのである。できることなら自分も同じようなことを成し遂げたい。そのためには、もっともっとゴルフを極めたい。銀次郎は3度目の日本アマに勝ってそう思ったのである。

だからこそ、プロに転向することはないとも思えた。もちろん、この1967年（昭和42年）こそが銀次郎がプロに転向する最高の時期であったろう。本人も己の実力の進化を認めていたに違いないのだから。

7月に銀次郎のよきライバルだった鈴村輝雄が三重県の四日市カントリークラブで行われた関西オープンに勝ち、プロ初優勝を遂げていた。鈴村は愛知大学を卒業して関西初の学士プロとなった選手だが、アマチュア時代に日本アマを獲ったことさえないのだ。

「鈴村がやれるなら自分もプロになれる」

そう銀次郎が思っても不思議ではなかっただろう。プロになるかどうか、悩んだこともあったに違いない。しかし、プロはゴルフで生計を立てている。スコアへの執念は凄まじいほどのハングリーさがあった。正直、そうしたプロの世界に入ることへの抵抗もあったことだろう。

そして、プロの世界に入らずとも、「プロ魂」を持って戦うことはできるし、プロと戦う場もある。ならば、アマチュアとして最高峰を登ろうとしたのである。

こうして銀次郎が登ろうとする最高峰の試合、日本オープンが10月に開催された。熱い思いを胸に秘め、プロたちと優勝争いをするつもりだった。しかし、気持ちばかりが先立ってしまい、思うようなゴルフができなかった。結果、優勝した橘田規に遅れること11打の22位タイに終わってしまったのである。

要諦 69
「完璧なゴルフに近づけられるよう自分の素質の限界まで極めたい」

銀次郎、27歳の結婚

自信と喪失が交錯した1967年（昭和42年）が終わり、1968年（昭和43年）となった。

自分だけの最高峰を目指した銀次郎は練習に明け暮れた。寝ても覚めてもゴルフのことが頭から離れなかった。完璧なショットを追求するため、昼の時間に会社を抜け出し、そのまま日が暮れるまで練習場で打ち続けることもあった。その日は5番アイアンと決めたら、それればかりを血が滲むほど打ち続けた。

ときには袋を持ったキャディを立たせ、そこに向かって打った。キャディが動かずに、すべてのボールが拾えるほどショットは正確だったが、銀次郎は満足しなかった。

「100球上手く打てても、101球目が上手く打てるとは限らない。100球上手く打ち続けてしまうと余計にそういう恐怖感が芽生えてしまうのです。だからこそ、1日に1000球も打ってしまうことにもなります。こうした気持ちはきっとベン・ホーガンやジャック・ニクラウスといったゴルファーは持っているに違いないと思えました。というのは私と同類のゴルファーだと思えたのです。アーノルド・パーマーやサム・スニードといった楽天的なゴルファーにはあり得ない気持ちかもしれません」

この銀次郎の言葉は、ゴルフの真髄を追求してやまない求道者であることを心底自覚したものである。そういったゴルファーはもはやゴルフを刹那的に楽しむことはできず、苦しみながらも新たな発見や到達によって、ようやく幸せになれるといった類のゴルフになってしまうのである。

一方、私生活は、甲南大学ゴルフ部の同級生だった濱根克子と結婚、大学1年の夏から交際していただけに、実に7年越しの恋を実らせたわけで、私生活は幸せだった。銀次郎と克子は1942年（昭和17年）生まれの同級生。ゴルフ部に入部したときは多くの学生の一人というだけで、互いに意識をすることもなかった。

克子は言う。

「大学の小さな練習場でボールを1列に5個くらい並べて、アイアンでポンポンと連続して打っていたのが、主人のスイングを見た最初でした。そんな練習をするのかって、不思議な感じで見ていましたが、スイングは綺麗でどのボールもきちんと打てていました。合宿とかも男女一緒でしたので、主人のショットを見ましたが、ボールを目で追えないくらい速かったですね。この人が高校時代から上手な中部銀次郎かと。話すようになったのは夏休みからで、お互い廣野ゴルフ倶楽部のメンバーでしたので、そこで会ったときに一緒に練習したり、ラウンドするようになりました。主人から『一緒に回ろう』って言われて。それからドライブに連れて行ってもらったり、食事を一緒にしたりするようになりました」

赤いGMのスポーツカーでのデートを思い浮かべたが、銀次郎はその車では目立ちすぎるとすぐに黒いクラウンに換えていたとのこと。しかし、ゴルフが上手く、お洒落な銀次郎はゴルフ部だけでなく、学校中の人気者だったという。

要諦
70
「練習は1本のクラブだけを選択し、そのクラブの習得に向け、猛練習を行う」

歩く姿が綺麗な人

銀次郎の試合に、部員の一人として、またガールフレンドとして応援していた克子に、銀次郎のプレーはどう映っていたのだろうか。

「大学1年のときにはメダリストにはなれても本戦で勝てなかったため、焦りもあったと思います。でもそれはマッチプレーの戦い方がわからなかっただけで、そのうち勝てるだろうとは思っていました。マッチプレーの経験が少ないものですから、どうしても相手のプレーに一喜一憂して心が動揺してしまうのでしょうね。でも、戦い方を覚えてからは強かったですね。2年生のときに日本アマに勝ったときは、嬉しかったと思いますけど、周りの期待に応えられたことでホッとしていました。現役の間は絶えず勝つことを期待されていましたので、大変だったろうなと思います」

大学時代の銀次郎は思い切りクラブを振ってボールを飛ばしていた。それ故に曲げて林に入れることなども結構あった。克子はそんなときに、銀次郎が木々の隙間からグリーンを狙うのでハラハラして見ていたという。

「明るい人でしたが、おしゃべりな人ではありませんでした。プレーはキビキビと速くて、姿勢よく歩くので、歩く姿が綺麗な人でした。素敵なゴルファーでしたね」

大学を卒業するまで、銀次郎と克子の交際は続いたが、卒業すると、銀次郎は下関の大洋漁業に就職したため、神戸に住んでいた克子との交際は途絶えることになる。克子の家は今は息子の中部隆が社長をしている尾道造船であり、3人姉妹の長女である克子は養子をもらうのが当たり前となっていた。

克子は続ける。

「主人は下関でゴルフに打ち込んでいましたし、私は家を継いでくれる方と結婚するものと思っておりました。何度かお見合いもしましたが、この方という人が現れずにいましたところ、結婚する前の年、廣野ゴルフ倶楽部で日本オープンが行われたときに主人と再会しまして、それから電話がかかってきたり、会うようになりまして、結婚することになったのです」

結婚当時、銀次郎のゴルフは脂が乗りきっていた。学生時代よりも強く逞しかった。父の利三郎が銀次郎の勝利を願うこともあり、毎日、練習に精を出していたという。

「私と結婚する前はプロになりたいという思いもあったようですが、結婚したときにはそうした気持ちはもうなくて、アマチュアとして日本一を目指していましたね。もちろんプロにも勝ちたいという思いもあったでしょうし、試合も楽しんで臨んでいました。子供もまだ生まれていませんでしたので、主人の試合について応援していましたので、新婚生活はずっと新婚旅行が続いている感じで楽しかったです。プロの方々との西日本サーキットにもついていきましたし、関東の試合にも一緒に行って、今となるといい思い出です」

要諦71

「きびきびとプレーし、姿勢よく歩いた。自分のリズム、テンポでゴルフを行った」

日本アマ3連覇ならず

結婚した1968年（昭和43年）も6月の梅雨時となり、いつものように日本アマが始まった。舞台は茨木カンツリー倶楽部西コース。茨木カンツリー倶楽部は大阪クラブの若手実業家によって1925年（大正14年）に開場した。

スコットランド出身のゴルファー、デビッド・フードが設計し、1931年（昭和6年）にチャールズ・アリソンが改修し東コースとなり、井上誠一設計の西コースが1961年（昭和36年）に完成する。コース創設時の専属プロは日本のプロゴルファー第1号の宮本留吉であり、日本プロや日本オープンなど数々の大きな大会が開かれてきた大阪屈指の名門コースだ。

銀次郎は、鍋島直泰、佐藤儀一、三好徳行が果たしている日本アマ3連覇を成し遂げようと準備は万全だった。すでに関西オープン、西日本サーキットでプロたちとの高いレベルの中でプレーを行い、ベストアマに輝いていた。華麗なフォームと正確なショットは誰が見ても優勝候補最右翼だった。試合方式は前年の日本アマと同様に、マッチプレー方式ではなく、4ラウンドのストロークプレーで争われる。

6月19日、強い西風が吹いた第1日に首位に立ったのは佐藤俊紀だった。銀次郎は76を叩き、佐藤に4打差の9位と出遅れた。翌第2日は42歳で初出場という大川清がこの日70であがり、通算145打で首位を奪った。銀次郎はこの日74と少し盛り返して150打の7位。

「第3日の最終日に36ホールを回る。ここで全力を出して5打差を縮めるしかない」

銀次郎のプレーには孤高の気高さがあった。元々押し黙ってプレーする銀次郎は、「あっ」とも嘆かず、「うっ」とも呻かずに黙々とショットを放っていく。

「試合の間に酒を飲むようなことはありません。したがって連れ立って食事をしたり、酒を酌み交わすこともしなかった。だから、友達も少なかった。それでもよかったんです。悔いが残るような試合だけはしたくなかったのですから」

銀次郎は懸命のゴルフを展開したが、36ホールを終えたとき、大川にわずか1打足りなかった。同じ2位には森河伸治、日大の山田健一が入った。

大川は試合後に言った。

「もう歳ですから、勝負にはこだわりません。ゴルフは健康のためにやっているんです」

だからこそ、重圧もかからずに淡々とプレーが進められたというわけである。しかし、己の生活のすべてをゴルフに賭けているといってもよい銀次郎にとって、大川のような選手に勝利の女神が微笑んでしまったことは、「それがゴルフだ」と割り切れるものではなかった。

要諦72
「全精力を傾けても勝てないのがゴルフ。勝つには実力＋運が必要」

父、利三郎の死

翌1969年（昭和44年）の日本アマもわずか1打及ばず、銀次郎は優勝カップを抱くことができなかった。この年の日本アマは東京ゴルフ倶楽部で7月2日、3日の2日間に1日36ホールずつを回るという強行日程で行われた。

初日は日大を卒業したばかりの山田健一と銀次郎のデッドヒートが繰り広げられ、1打差で山田が首位に立った。2日目は最初のラウンドで銀次郎が77を叩いてしまい、一度は優勝戦線から後退。しかし、最終ラウンドを71で回って急追したのだが、惜しくも1打、首位の山田と関西学院大の入江勉に届かなかったのである。2人のプレーオフは翌日18ホール行われ、山田が入江に４打差をつけて初優勝を成し遂げたのだ。

あと少しの運があれば銀次郎は４連覇していた。というよりも、もしも日本アマがそれ以前の、そして今のようにマッチプレーであったなら、老獪に戦える銀次郎が優勝していた可能性は高かったであろう。

銀次郎はこの３年前のその年からストロークプレーとなった日本アマにダントツの優勝を果たしたときでさえ、試合後、次のように語っていた。

「力の差はマッチプレーのほうがはっきりと出ると思う」

かつて「メダリストの２回戦ボーイ」が、苦労の末に鍛え上げたメンタルタフネス。それがストロークプレーでは生かされない。それが面白くないとも銀次郎は思っていたに違いない。

そんなもやもやとした気持ちが晴れないまま、翌１９７０年（昭和45年）３月、父・利三郎が68歳の生涯を閉じてしまったのである。

銀次郎の人生にとってこれほど悲しいことはなかった。子供の頃からどんな小さな優勝でも喜んでくれた父。日本アマの優勝を我がことのように喜んでくれた父。その父がこの世からいなくなってしまった。その焦燥感はどうすることもできないほど、銀次郎の心を鉛のように重くしてしまった。

どんなに苦しくても最高峰を懸命に目指していた心の芯棒がポキリと折れてしまった。

ゴルフに向けた熱い情熱が消え去り、氷のように冷たくなってしまったのだ。
銀次郎は父が死んだ1970年（昭和45年）から一切の試合に出場しなくなった。
クラブを置いてしまったのだ。

要諦73
「ストロークプレーよりもマッチプレーのほうが実力ははっきりと出る」

第6章

社会人東京時代

現役復帰と日本アマの優勝、そして……

3年ぶりのゴルフ

父・利三郎の死によって、まったくゴルフをする気がなくなってしまった銀次郎。仕事も下関にある大洋漁業の本社から大洋漁業の関連会社、日新タンカーの東京支社に移った。銀次郎にとって東京は新天地である。父の面影濃い下関にいるよりも気持ちが切り替えられると思えたのかもしれない。

日新タンカー東京営業所は赤坂にある。仕事が終わると赤坂界隈や銀座などで酒を飲むようになった。ゴルフは練習さえせず、時間を持て余していたのだから、それも自然の流れだった。ゴルフ界ではすっかり銀次郎は現役を引退してしまったと思われていた。

そんな3年後のある日、銀次郎は1962年（昭和37年）の世界アマで日本代表としてともに戦った鍋島直要と銀座でばったり出会ってしまった。鍋島は日本ゴルフ協会の幹部であり、東京ゴルフ倶楽部で日本アマの常連選手である有賀延興や波多野康二、小室秀雄らと練習に精を出していた。

「銀べエ、そろそろ、ゴルフを始めろよ」

銀次郎のことを「銀べエ」と呼ぶのは、大学時代の同僚か、その頃から銀次郎を知っている先輩たちだ。鍋島からそう言われても、心はすぐに動かなかった。銀次郎にとってゴルフはすでに過去の佳き思い出だった。

「俺が家まで迎えに行くから一緒にやろう」

半ば強制的に東京ゴルフ倶楽部に連れて行かれた。クラブもシューズも手袋も鍋島が用意してくれていた。

久方ぶりに見るゴルフコースは目に眩しかった。見るものすべてが新鮮だった。ボールを打ったときの感動は言葉にできないものだった。

「ゴルフってこんなにも素晴らしいものだったのか」

ゴルフに没頭していたときには忘れてしまっていたことが蘇ってきた。銀次郎は1打1打、美味しい料理を大事に味わうようにプレーしていった。

自分がどれほどゴルフが好きであったかを思い知った。

父の嬉しそうな顔を見たいがために苦しい練習を課してきた。日本アマに勝つためには、それも当然のことであり、寒いから休む、暑いから休むといったことは許されなかった。友人たちと遊んだり酒を酌み交わすこともなく、一人で黙々と上達を目指した。

孤独が友達だった。子供の頃から連れ立って遊ぶことが苦手だった。それは大人になっても変わらなかった。自分の思うままに練習がしたかった。課題はそれぞれ異なっている。それなのに一緒に同じ練習をすることはまったく意味がないと思っていた。

いつしか孤高のゴルファーとなっていた。

試合では相手に同情など絶対にしないように努めていた。少しでも優しい気持ちになればやられてしまう。勝負の世界の厳しさを知ってからは、努めて冷酷であろうとした。しかし、それは銀次郎が将来持っていた優しさの裏返しだった。

プレー中は一切、口を聞かない。喜怒哀楽は決して表情に顕さない。アマチュア仲間からは取っつきにくい相手と思われた。マスコミも遠巻きに取材をするようになっていた。それでもまったく構わなかった。銀次郎にとって日本アマを始め、どんな試合でも勝負に勝つということは徹頭徹尾、心を揺らさずに戦い切ることであったのだ。

ゴルフが好き、嫌いといったことは、銀次郎の範疇にはもはや無きものになっていたのである。

しかし、3年ぶりといってもよいゴルフは、ゴルフを始めた子供の頃の純粋な気持ちを銀次郎に蘇らせた。ナイスショットしたとき、ナイスパットしたときの父の嬉しそうな顔。しかし、一番嬉しかったのは自分であったこと。

「私は、ゴルフが好きだから、ゴルフをしていたんだ」

銀次郎は新天地、東京でゴルフを再開した。

要諦
74
「勝負の世界を一度離れて思い知った
ゴルフの楽しさ、素晴らしさ、心のトキメキ」

再び日本アマ挑戦

1973年（昭和48年）、銀次郎は3年ぶりに日本アマに出場することになった。出場資格は歴代優勝者という例外処置だった。この特例は初めてのことだっただけに日本協会内で物議が起きたといわれているが、選手は決定に従うだけであり、銀次郎はベストを尽くすだけだった。

舞台は軽井沢72ゴルフ西コース。3年前と同様に2日間で優勝が争われる。初日36ホールの予選、2日目は36ホールで決勝を争う。短期決戦で真の実力が判明できるかという疑問もあるが、仕事を持つ社会人にとっては戦いやすいシステムである。この試合は倉本昌弘が初めて日本アマに出場したときで、銀次郎もその小さな飛ばし少年を初めて見た。

初日の7月11日は快晴で軽井沢は爽快な気候だった。首位に立ったのは東京ゴルフ倶楽部のベテラン、39歳の有賀延興。144打のイーブンパーだった。銀次郎は3年ぶりの公式戦で試合勘が乏しく、74・79の153打で有賀から9打差もつけられてしまったのだ。

「いざ、試合をしてみて驚きました。ゲームに集中しようとしてもできないのです。練習ラウンドでは、これまでのようにどのコースであっても、ティショットではフェアウェイの真ん中に打ち、グリーンへもセンターに打つというセオリー通りのものです。なので、いいゴルフができると思っていました。ところが、思い通りに打てても、なぜかボギーが出てしまう。そして、そのボギーを『ああ、ボギーか』と悔しくもなく、流してしまえる自分がいるのです。要はスコアを求める気力が沸いてこないというわけです」

それは2日目も同じように続いた。2日目は78・75の153打。トータル306打で16位タイに終わってしまったのだ。過去出場10回で、最も悪かった成績は1961年のベスト8だっただけに、3年のブランクは短いようで実に大きかった。

この日本アマの優勝はトータル295打であがり、サドンデスプレーオフで山崎哲を破った中嶋常幸だった。銀次郎が1962年（昭和37年）に優勝したときの史上最年少記録20歳を破る19歳であった。

「優勝者の中嶋君と11打の差がついたこと。16位タイだったこと。3年のブランクがあったにせよショックでした。競技生活を再開した以上、情けないゴルフはしたくなかった。亡き父も喜ぶはずがなかった。翌年の日本アマでは雪辱する。そうでなければ自分が自分を許せなかったのです」

要諦 75
「試合感が乏しいと、思い通りに打てても
なぜか、ボギーを打ってしまう」

ニクラウスとのラウンド

こうして銀次郎は東京ゴルフ倶楽部で鍋島直要たちと実践を想定した練習を行うことにした。今の自分に足りないところは何か。修正すべき点は何か。3年間のブランクで失われたものを取り戻すべく、点検しながらの練習が実施された。

「ゴルフは点検する人と点検される人が同一人物であることが難しいところです。どこに故障があるのか、不備があるのか、それをはっきりとさせて改善する。隠れていたり、隠したかったり、わからないことやわかりたくないこともある。それをつぶさに暴き出して根本から直していく。大変な作業ですが、それをやらなければ上達はありません」

銀次郎は子供の頃から自分を厳しく取り調べた。警察官が犯罪者を取り調べるように。実際、そのことが銀次郎を子供ながらに急成長させることになった。たとえばミスのチェックである。前にも書いたが、銀次郎は小学6年生のときにはすでにラウンドしたときに起きたミスをスコアカードに書いておき、そのミスの数を減らすように努力していた。

これは、銀次郎がゴルフというスポーツがナイスショットの数よりも、ミスショットの数の少ないほうがよいスコアになることを、すでに小学生のときに看破していたからである。

「ゴルフではどんな上手な人もミスを犯す。ゴルフはミスのゲームなのです」

ゴルフはナイスショットを競うゲームではなく、ミスショットの数を競うゲームである。

その考えが銀次郎のゴルフの出発点であるといってもよいだろう。それを、31歳になった銀次郎が変わらずに保持し続けていた。

そんな折、思いもよらなかった貴重な体験をすることになる。それはこともあろうか、当時世界最強のゴルファー、ジャック・ニクラウスとラウンドするということだった。

ニクラウスの全貌をそのプレーから解明するというNHKの2時間番組で、横浜カントリークラブで銀次郎と一緒に回ってくれないかというものだった。インタビュアーは、かつて銀次郎が初めて世界アマでニクラウスを目撃したときの日本チーム主将だった金田武明。気心も知れているだけに安心できるし、なんと言ってもあの世界アマで衝撃を受けたニクラウスとプレーできる機会を逃したくはなかった。

銀次郎はかつてゲーリー・プレーヤーとのエキシビジョンマッチを断念させられた苦い思い出がある。民放のテレビ番組のため、スポンサーの宣伝に荷担するとして、日本ゴルフ協会からアマチュア規定に抵触するというのが理由だった。競技生活を復帰し、再びチャンピオンの座につこうとする銀次郎にとって、今回だけはどうしても譲れないことだった。

テレビ局がNHKだったこともあり、日本ゴルフ協会からようやく許可が下りた。アメリカでは、かつてアマチュアのボビー・ジョーンズはプロのウォルター・ヘーゲンと何度もマッチプレーを戦っている。ジョーンズが勝ってもアマチュアゆえに賞金を受け取れないため、ヘーゲンが勝ったとき、ジョーンズに高額の贈り物をしたと言われている。銀次郎のニクラウスとのラウンドは試合でさえないのだ。問題になるほうがおかしいだろう。

ニクラウスは1940年生まれ。オハイオ州立大学を卒業と同時の1962年にプロ入り。プロデビュー年に全米オープンに優勝し、この1973年までにPGAツアー51勝を成し遂げ、メジャータイトルは12勝を挙げていた。

ニクラウスは自伝の中で「32歳と33歳のときが自分の絶頂期だった」と述べているが、まさにこの1973年はそのときだった。ニクラウスはこの年と前年にPGAツアーで各7勝挙げており、生涯最高のシーズンを送っていた。ちなみにニクラウスのこれまでのPGAツアー優勝は73（全世界では113）、獲得したメジャータイトルは18に上る。

要諦 76

「自分が隠したいことやわかりたくないことまですべてを暴き出して、根本から直さなければならない」

ゴルファーの理想像

銀次郎とニクラウス、2人のプレーはインの10番からスタートした。風が強く吹き、銀次郎は左のクロスバンカーに入れてしまったが、そこから2オンして1パットバーディ。ニクラウスはフェアウェイ右サイドから2オン2パットのパーだった。

3ホールまでニクラウスのショットはヒールスライスだった。つまり芯を食った当たりではなかった。銀次郎はこれを見て、ニクラウスに「わざとヒールでスライスを打っているのですか？」と聞いた。ニクラウスは即座に「そんなことするわけないでしょう」と笑う。銀次郎は「あなたも人間ですね」と笑顔で話しかけている。

ニクラウスの全貌を明らかにするという番組の意図があるのだから、2人のマッチではない。銀次郎はスパーリングパートナーに過ぎない。そのために金田の質問はもっぱらニクラウスに向けられ、その間、銀次郎はパット練習や素振りを繰り返しながら待機しているということになる。プレーはしばしば中断され、選手にとっては非常にやりづらい番組進行である。

ニクラウスはコース図を見ながら、そしてインタビューを受けながら、8アンダーの64で回った。2アンダーの70だった銀次郎は、プレーしにくい状況下で難なく64で回ってしまうニクラウスをさすがだと思った。

「プレーが中断してもスイングのリズムがまったく変わらない。対して私は番組の進行に馴染めずに前半のスコアを崩してしまった。どんな状況でもどんな相手とプレーしても自分のリズムを崩さない。だからこそ、何となくフェアウェイに打って、何となくピンに寄って、何となくバーディとなるというプレーができてしまうのだと思うのです。凄みはなかったけれど、それは真に強い証だと思いました。どんな状況でも柔らかく受け入れて自分のゴルフを全うできる。それが好スコアを生み出す理由だと思い知りました」

どんな相手の攻めにも受けて立ち、自在にわざを操って自分の形にして勝ってしまうという、まさに横綱相撲を見る思いだった。強者のゴルフとは強さを表に示すことなどまったく必要ないというものだった。

「スイングのリズムを常に同じにするためには、歩くリズムに気を配ることです。常に同じリズムで歩くこと。走ってはいけません。それと呼吸です。吸うか、吐くか、止めるかなど、スイング中の呼吸の仕方を一定にします。そうしたことはわかっていたことでしたが、しっかりと意識して行わなければいけないことだとニクラウスから教わりました。私は速いリズムで歩きますが、そのリズムを終始意識している必要がある。そのリズムで呼吸することも大切です。たとえば、息を吐きながらアドレスを整えたら、ゆっくり息を吸いながらバックスイングして、トップで息を止めてバッと振るとか、トップから息を吐きながら振り下ろすといったことです」

もちろん、銀次郎が言うことは我々アマチュアにとってとても必要なことである。それともう一つ、銀次郎はニクラウスとラウンドをともにして肌で感じ取ったことがあった。

「ニクラウスはプロフェッショナルだけど、純粋なアマチュア精神を抱いている人だと思いました。それがニクラウスを形成していると」

それは、勝てばすべてよしとするゴルファーではないと感じたということだろう。勝ってもなお、理想のゴルフを追求する人。ゴルフの求道者であるという精神を感じ取ったのである。国籍も戦う場も実力の差も違いはあるけれど、自分と同じ種類の人間だなと感じたということである。

銀次郎にとってニクラウスと一緒にラウンドできたことは、それ以後の競技人生においてとても大きな収穫だった。

「まだまだやるべきことがたくさんあると思いました。それは日本アマに勝つということだけでなく、自分が追求するべきゴルフが眼前にあるということです。理想を目指して練習していきたいと思えたことです」

要諦 77

「スイングリズムを同じにするということは歩くリズムと呼吸の仕方を同じにすること」

日本アマ5度目の優勝

こうして翌、1974年（昭和49年）の日本アマチュア選手権を迎えた。ある意味、銀次郎にとってゴルフ人生を賭けた大会となった。ここで前年同様、無様なプレーをすれば、3年のブランクは取り返しのつかないものだったと断定される。現役引退が宣告されることになるといってもよかった。

コースは東名古屋カントリークラブ西コース。1964年（昭和39年）に開場したまだ10年のコースだったが、すでに日本女子アマが開催され、この日本アマの後では日本オープンなど数々のメジャートーナメントが開催されている佐藤儀一設計のチャンピオンシップコースだ。

予選ラウンドの第1日は7月3日、71の好スコアで日大1年の倉本昌弘と森道応が飛び出した。倉本は日大に入ってから鍋島直要の薫陶を受け、東京ゴルフ倶楽部で鍋島はもちろん、銀次郎や有賀延興、波多野康二といった実力者と練習し、大幅に実力を上げて来ていた。一方、銀次郎は3打差の74だった。

予選ラウンド第2日は倉本が76、森が80を叩いて後退。阪田哲男が73であがり、初日72だったため、通算175打で首位に躍り出る。日本アマのタイトルだけが手にできていない強者、阪田が悲願の優勝まで最終日の36ホールをパープレーで切り抜けられるかが焦点になった。そして銀次郎だが、2日目も74だったが、首位に3打差は十分に優勝圏内だった。

第3日の最終日の決勝ラウンドは36ホールを一気に回る長丁場。それだけに何が起こってもおかしくない。しかし、3ラウンド目を終えても東名古屋カントリーを攻めきれる者はほとんどおらず、希に見る大混戦となった。

この時点で首位は日大の石井秀夫の通算220。2位タイは倉本、阪田、そして中部の3人が1打差で石井を追う展開となる。しかも首位から3打差圏内にあと4名の選手がひしめいていた。

注目の最終ラウンドで、石井と阪田がスコアを崩し、後続が伸びないため、終盤は銀次郎と倉本の一騎打ちとなった。中部31歳、倉本18歳と一回り以上違う歳の差対決となった。倉本は銀次郎の一組後で回るが、銀次郎を持ち前の飛距離で振り切ろうとする。一方、銀次郎は飛距離が出ない分、巧みな技で対抗する。

勝負の綾は幾度となくあったが、大きかったのは12番パー3。銀次郎は倉本に1打リードしていたが、ティショットを左急斜面のバンカーに入れ、寄せたい一心からか一度で出ずに痛恨のダブルボギー。倉本に逆転を許してしまう。ところが後続の倉本がこのホールで30㎝のパーパットを「お先に」と打ち、何と外してしまうのだ。

これで2人は並んだわけだが、銀次郎は14番で8mを沈めてバーディを奪う。一歩リードするのだが、16番のティショットを左に曲げてボギーとし、手堅くパーを重ねている倉本と再び並んでしまう。一進一退の息を呑む熱戦。勝負を決したのは17番だった。倉本がティショットを右ラフに入れてパーオンを逃し、ボギーを叩いたことだった。銀次郎が僅か1打の差で7年ぶりに日本アマ5度目の優勝を成し遂げたのである。

観戦した人々は、倉本の30cmを外したパットが勝敗を分けたと考えた。若さが露呈した軽率なパット。それさえなかったらプレーオフだったのにと。倉本もそう思っていたのかもしれない。

要諦78
「たかが1打、されど1打。たった1打でも実力の差は格段に違うのだ」

1打の差は格段の差

試合後、2人はクラブハウスの風呂場で一緒になった。倉本が銀次郎に「負けました」と頭を下げた。すると銀次郎は「当たり前だろ」とたった一言。風呂場をさっさと上がってしまった。

倉本としてはねぎらいの言葉の一つもかけて欲しかった。「お先に」をしなければ試合はどう転んだか、わからないと思っていたからだ。しかし、かなり後になって、「当たり前だろ」の一言に計り知れない意味が込められていることがわかったのだ。打数の差はたった1つだったが、プレーを吟味してみると、いろいろな面で格段の差があることがわかったのだ。ったのである。

それは、集中力や持続力、忍耐力であり、判断力や分析力、観察力の違いでもある。当然、技術や経験の差もあった。何から何まで「格段の差」があるのに、たまたま「1打差」となって表れたに過ぎないということに倉本は気づいたのである。「当たり前だろ」は、それが集約された一言だったのだ。

そして、その「1打差」には銀次郎がかねがね言っている次の意味も含まれている。

「すべてのストロークは等価である」

今回の勝負、傍目には30cmのパットを外したことが決したように見える。しかし、それは最終ラウンドしか見ていなかった人の感想である。30cmのパットを外すことは、たとえ慎重に打ったとしても、ゴルフならばあり得る話である。

倉本の敗因は、そのパットにあっただけではないのだ。初日のミスにあったかもしれないし、2日目の前半にあったかもしれない。どこかで1打のミスを犯さなければ銀次郎に並ぶことができたのだ。倉本がこの大会で打った295ストロークはすべて等価であること。それを知るべきだというわけである。

「敗因は常に自分のミスにあり、勝因は常に相手のミスにある」

銀次郎は日本ゴルフ史上最多となる5度目の日本アマ優勝を成し遂げたわけだが、倉本のミスによって、たまたま優勝できたにすぎないと考えていた。

要諦79

「すべてのストロークは等価である。ドライバーの1打もパットの1打も」

倉本への叱咤激励

1975年（昭和50年）、銀次郎はホームコースの東京ゴルフ倶楽部で開催されたアジアアマゴルフ選手権で倉本とともに個人優勝を果たし、日本チームを4年ぶりの優勝に導いている。

そしてこの年の日本アマは6月25日から4日間にわたりストロークプレーで争われ、銀次郎の「当たり前だろ」に奮起した倉本が初優勝を成し遂げた。

コースは茨城県のセントラルゴルフ東コース。倉本は初日に3アンダーの70で飛び出し、2日目に77を叩くも、3日目を70、4日目の最終18番パー5で3mのバーディパットを沈めて73でまとめ、泉憲一に1打差をつけ、逆転勝ちを収めたのだ。

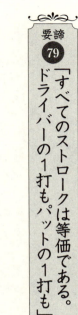

銀次郎はこの日本アマは4位になるものの、倉本に10打の差をつけられた。銀次郎はホールアウトしたあと、倉本の最終ホールのプレーを見て倉本に言った。

「なんで最終ホールのセカンドでスプーンを持ってグリーンを狙ったんだ。わざわざバンカーに入れて、パットが入ったからよかったものの、ほとんどプレーオフになるところだった。あのときアイアンでグリーン手前に刻んでいたら楽に勝てたものを」

確かにそのとおりだった。倉本は最後の3mのパットを必死に沈め、試合後は放心状態だった。記者たちに囲まれて出た最初の一言は「よう決まったなあ」である。「3mが4mにも5mにも、それ以上長い距離に思えました」とも語っているのである。

倉本は銀次郎に図星の感想を言われ、やせ我慢の一言を返した。

「あそこで2オンを狙わなければ、世界には立ち向かえませんから」

銀次郎は言った。

「世界を口にする前に、もう一回日本アマを獲ってみろ」

この言葉が負けず嫌いの倉本の心に響いたことは間違いがない。

翌、1976年（昭和51年）の日本アマチュア選手権は6月23日から18ホールずつ4日間に渡り廣野ゴルフ倶楽部で開催され、森道応が初優勝を遂げた。森は2日目に首位に立つと3日目も首位をキープ、最終日は77を叩くもトップタイで、日大の藤木三郎とサドンデスプレーオフに突入、森が最初のホールでバーディを奪って勝負をものにしたのだ。

要諦80

「確実に勝つには何をするべきか？それがわかっていて勝つかどうかが問題である」

確率のゴルフに徹する

銀次郎はこの日本アマでは初日7位だったものの、2日目に2位となり、3日目に3位で、逆転優勝が期待されたが、最終日は78で4位に終わっている。

この年はポルトガルで世界アマがあり、2年前のドミニカでの世界アマ同様、日本は惜しくも2位となっている。銀次郎はドミニカで個人19位、ポルトガルでは29位だった。

ポルトガルの世界アマは鍋島直要がノンプレーイングキャプテンで、世界一を本気で狙っていた。軽井沢で合宿を行い、ポルトガルにも早々乗り込んで練習、阪田や倉本は銀次郎のショットやコースマネジメントを間近で見て随分と勉強になったという。１９７３年（昭和48年）の日本アマでは16番まで2打リードして首位にいたのに池ポチャして中嶋に逆転されたりと、何度となく日本アマのタイトルを逃している阪田は特に目から鱗が落ちたのである。

「私はそれまで大商大の先輩、森道応さんのもの凄いテクニックに影響されて、曲芸ゴルフをしていました。ショットでもわざわざフックを打ったりスライスを打ったりしていく。花道からの寄せだって、やらなくてもいいのにフワリと上げたり、キュキュッと止めたり。でも、そんな余計なことは中部さんはやりません。ショットはひたすら真っ直ぐに打つ。寄せでは平凡に転がす。それが最もミスが少なく成功の確率が高いやり方だからです」

阪田は話を続ける。

「中部さんと一緒に練習するうちに、そうした確率のゴルフが徹底されていることが身に染みてわかってきます。コースマネジメントでも、ピンは決して狙わない。ピンとは逆サイドに打つぐらいの徹底ぶりで外してもパーが取れるように攻めていく。ドッグレッグでもショートカットは絶対にしない。遠回りのゴルフで固く攻めていくのです。1打の重みを知るゴルフです。いつしか私もそうしたゴルファーになってしまいました」

銀次郎は言う。

「技の数を増やして戦うのがプロです。逆に、技の数を減らして戦うのがアマチュアです。アマチュアはプロと違い、練習する時間が限られているからです。だったら、できることだけを絶対にできるように練習する。技を削ぎ落として磨くことこそ大切なのです」

アマチュアに多彩な技は必要ない。たった一つの技でもミスなくできることが重要なのだ。そして、コースマネジメントにおいては、銀次郎の言葉に次のようなものがある。

「次善を求めて、最善を尽くす」

これは常に次のショットやアプローチ、パットのことを考えて今のショットを打ちなさいということ。そうすると無闇にショートカットしたり、林から無理矢理隙間を狙ったり、ピンを狙うということもなくなるはず。「針の穴をも通す」と言われた銀次郎でさえ、次のショットのことを考えて今のショットを打ったのである。

その翌年の1977年（昭和52年）の日本アマは、日大4年となった倉本が2度目の優勝を成し遂げた。霞ヶ関ゴルフ倶楽部の東コースで6月21日から開催され、2日目に首位に立った倉本が3日目も首位を守り、最終日も圧倒的な強さで2位の森道応を4打離して勝ってしまった。

銀次郎は初日から6オーバーの78を打ち、2日めに75、3日目に77を、最終日は79を打って、通算21オーバーで42位タイと、銀次郎の15回に及ぶ日本アマ挑戦の中の最悪の順位となってしまった。

日新タンカーの専務という仕事の重責などで練習時間が少なくなったということも銀次郎にはあったが、34歳という年齢が大きく影響していたのかもしれない。尾崎将司や中嶋常幸もそうであったように、多くのトッププレーヤーが35歳頃に突然スランプと呼べるような不調に陥っている。若いときの体が突然中年の体に変わる時期なのかもしれない。とにかく、銀次郎にとって42位タイは大変ショックな出来事だった。

銀次郎は早くも来年の日本アマでの雪辱を誓い、アドレスから抜本的にスイングを改善することにしたのである。

要諦81
「次のショットが上手く打てるように目の前のショットに全力を尽くす」

6度目の日本アマ優勝

1978年（昭和53年）の日本アマチュア選手権は愛知県の三好カントリークラブ西コースで行われた。

6月21日の初日、じとじとと蒸し暑い梅雨の中、銀次郎は首位から1打遅れただけのアンダーパーの72であがり、2位タイの上々のスタートを切った。

2日目も梅雨の鬱陶しい雨が降る中、銀次郎は2アンダーで回り、首位に立った。グリーンを外しても絶妙の寄せでパーを拾い、最終18番では7mのパットを沈め、2位に4打差をつけたのだ。

それを見ていたトップアマのひとりが呟いた。

「倉本がアメリカに留学していなくなったと思ったら、中部さんだもの。いつまで経っても本当に上手いなあ」

銀次郎は取り組んできたスイング改造が、ようやく馴染んできた実感をこの大会でつかみ始めていた。気負いはなかったが、調子がよく、笑顔のラウンドだった。

3日目も雨だった。銀次郎はこの日も周囲が崩れていく中、ステディなラウンドで73の1オーバーで回り、首位をキープした。しかも2位の石田弘行と塩田昌男に9打差とさらにその差を大きく広げたのである。6度目の優勝がはっきりと見えたラウンドだった。

この決勝の朝、前日予選落ちを喫した日大3年の湯原信光がこの日も居残って銀次郎の練習を見に行った。すると、銀次郎が雨に濡れながら黙々とボールを打っていたのだ。湯原は驚いた。

「三好の練習場は2階建てで、1階は屋根があるのですが、2階は屋根なしなので、選手は皆、雨を避けて1階の打席で練習しているわけです。それなのに、中部さんだけが2階の打席で雨に濡れながらボールを打っている。それもレインコートも着ていないのです。びっくりして練習後に理由を聞くと、『今日は1日中、雨の中でプレーすることになる。だったら、練習も雨の中で練習しておいたほうがいいに決まっている。体も濡れボールも濡れるとどうなるのか。集中力を削がれないで打つにはどうすればいいのか。レインコートを着ないのはそのためだし、体も動きやすい』と言うのです。その言葉にさらに驚かされました」

こうしたことがあって、銀次郎は3日間の雨の中、しっかりとしたプレーができ、他を引き離すことができたのだろう。特に日本アマのラフは強くて深い。ティショットを曲げてラフに入れてはスコアにならない。銀次郎はレインコートも着ず、確実にフェアウェイにボールを置いていったのだ。そして、雨中での練習を目撃した湯原は、銀次郎のゴルフに対する姿勢に深く感じ入り、翌年の1979年（昭和54年）の日本アマに優勝してしまうのである。

かくして最終日は雨が上がって曇り空となったが、銀次郎は76を打っても2位の塩田に7打差という大差をつけて楽に優勝できたのである。銀次郎が持つ日本アマ5回の最多勝記録を塗り替える、自身6度目の優勝を成し遂げたというわけである。

要諦 82

「雨の日は練習も雨に濡れながら行う。自分がどうなるかを事前に知っておくために」

アドレスでの徹底したこだわり

日本アマが終わり、優勝インタビューで銀次郎は勝因を語った。

「3年前から自分のスイングの欠点に気づき、昨年の日本アマのあと、本気で改造に努めました。それは左足の親指の爪くらいのものなのですが、クローズ気味のスタンスになっていて、それをスクエアにしました。それで、肩、腰、膝もスクエアになり、ボールを芯でとらえる確率が10%上がりました」

親指の爪と言えば僅か2㎝くらいのものだろう。我々普通のアマチュアゴルファーからすれば、気にもならないほどの些細な問題に銀次郎は取り組んでいたというわけだ。

「左足が親指の爪くらい前に出ていたわけですが、それはずっと前から気づいていて、それでも上手く打てていたので気にならなかったのです。ところが狙ったところに飛ばなくなったときに気になり出して、そうなるとそのアドレスが嫌で嫌で仕方がなくなった。それで本気で改めたというわけです」

狙ったところに飛ばなくなったことが起きたのは、やはり体が若い頃とは違ってきたからだ。

「スタンスが広いと体の回転がスムーズにできなくなってきました。そこでスタンスの幅を狭くしました。また、それにつれてドライバーのボール位置をボール1個分、中に入れました。それは体重移動というかフットワークが小さくなったことが起因しています」

銀次郎は体が変わる35歳のピンチをこうした小さな工夫で乗り切った。微妙な改造を自らに課して、ショットの精度を上げたのである。かつて、ベン・ホーガンが僅か2度のトップでの手首の角度にこだわったようにである。

それにしても、終生、銀次郎はアドレスにこだわった。特に体が飛球線に対してどのように平行になっているか、そこに焦点を当てていた。それは体のすべてを飛球線に対して平行にするという単純なものではなかった。

スタンスにしても左右の足の爪先のラインを平行にするのか。踵のラインを平行にするのか。それとも土踏まずのラインを平行にするのか。上半身にしても肘と肘のどこを平行にするのかなど。ボールを数打ちながらイメージ通りの弾道が出るかを検証しながら決めていったのだ。

銀次郎がニクラウスと対談をしたときがあった。この6度目の優勝の前年、1977年(昭和52年)のことだったが、そこで銀次郎の「スイングのときに一番大切にしている点は何ですか?」という質問にニクラウスが答えている。

「自分のイメージ通りにボールが飛んでくれるようにスイングするということ。その1点だけを気に掛けています」

銀次郎とて同様であり、理想のスイングのためにアドレスにこだわっているのだ。銀次郎は常々言っていた。

「スイングはたった2秒という瞬間の動作です。その瞬きの間の出来事をチェックすることはできません。修正も矯正もできない。チェックできることはスイング前のアドレスだけなのです。アドレスは目で確認できますし、ある程度、時間もかけることができます。アドレスが正しくできているなと思ったら、後は何も考えず、ひたすら思い切りボールを打ち抜くだけです。打つときは何も考えない。そうした習慣を作ることです」

銀次郎が最も大切にしていた言葉の一つ。

「ゴルフは、アドレスに始まり、アドレスに終わる」

まさにこのことを、35歳になったときにも徹底的に行っていたのである。

要諦83
「正しくアドレスできたら、あとは何も考えない。思い切りボールを打ち抜くだけ」

試合は日本アマだけ

銀次郎はこの1978年（昭和53年）の6度目の日本アマの優勝のあとは、ほぼ日本アマだけしか出場しなかった。

1979年（昭和54年）の日本アマは相模原ゴルフ倶楽部東コースで行われ、湯原信光が優勝し、銀次郎は11位タイ。1980年（昭和55年）の日本アマは小野ゴルフ倶楽部で

開催され、倉本昌弘が米国留学から戻って3度目の優勝。銀次郎は10位タイ。1981年（昭和56年）の日本アマは東京ゴルフ倶楽部で銀次郎の愛弟子の一人である内藤正幸が優勝し、銀次郎は8位タイだった。

内藤は最終日の朝、銀次郎から言われた。

「お前、ここで取れなきゃ、後はないぞ」

内藤からすれば、何でスタート前にプレッシャーをかける言葉を吐くんだと思ったという。しかし、考えれば、軽々しいプレーをしやすい自分を戒めてくれたのだと思い当たる。内藤はそれまで何度となく日本アマで優勝争いをしながら、つまらないミスを犯して敗れているのだ。最終日、内藤は歯を食いしばって優勝の重圧に耐えた。

「中部さんとは高校生のときに倉本と一緒に初めて会いました。ナショナルチームの合宿にも参加しましたが、一言も言葉をかけてもらえなかった。合宿の帰りに『俺の車を運転してくれるか』と言われて、軽井沢から東京まで自分が運転したのですが、その間一言も話さない。こっちも何を話していいかわからず、ずっと黙ったまま東京に着きました。そんな中部さんでしたが、いつも自分のプレーを気に掛けてくれていて、この日本アマでもそうでした」

そして、優勝したからには誉めてくれると思ったら、大間違いだった。

「最後のパットを外してボギーとして1オーバーでの優勝だったのですが、何であのパットを本気で入れようとしなかったんだ。あのパットが入っていれば通算でパープレーだった。パープレーにこだわらなきゃだめだ」

そうした中部からの薫陶を受けた内藤は銀次郎を見習ってプロにはならず、アマチュアゴルファーのままゴルフ人生を送っている。

「中部さんが亡くなる前もよく飲みに連れて行ってもらいました。酒を飲むときは普通のオジさんとなって、楽しい話をいろいろと聞かせてもらいました。もちろんゴルフのときは怖かったけれど。その違いが晩年の中部さんの魅力でしたね。そうそう、2人でゴルフに行くときは、帰りのクルマの中で、距離の当てっこをよくやりました。電信柱まで何mかって。自分も中部さんもそれぞれ何mと言って、実際に距離計を見ながら車を走らせて。懐かしい思い出ですね」

銀次郎は距離は勘で知るものだという考えを持っていた。だからキャディに尋ねることはしなかった。目で見たときの勘で打っていた。

「中部さんはアゲンストは風だけではない。光線もある。逆光ではサンシャインアゲンストと言って、距離を長く見なければならないと言っていました」

内藤はそう言うが、論拠はないこの銀次郎の距離感が意外と当たっていたことに驚いたという。

要諦84
「ゴルフはパーで成立しているゲーム。パーでプレーすることにとことんこだわる」

ボールの見方

1982年（昭和57年）からも、中部が出場する試合は日本アマだけだった。この年は南山カントリークラブで金本勇が優勝し、銀次郎は5位タイ。1983年（昭和58年）の日本アマは千葉カントリークラブ野田コースで加藤一彦が優勝し、銀次郎は10位タイ。1984年（昭和59年）の日本アマは茨城カンツリー倶楽部で優勝は長田敬市、銀次郎は30位タイ。そして、1985年（昭和60年）の日本アマは大洗ゴルフ倶楽部で開催され、中川隆弘が優勝し、銀次郎は生涯初めての日本アマ予選敗退となった。

この1985年（昭和60年）の日本アマでは初日80を叩き、2日目75という全盛期の銀次郎からは信じられない悪いスコアだった。この予選落ちによって銀次郎は現役生活にピリオドを打つと思われた。実際にこの試合の最後のティショットを打ち終わった後、「終わったなあ」と呟いている。その目には悲しみの色が濃く滲み出ていた。

しかし、翌年の1986年（昭和61年）、銀次郎は再び日本アマに姿を現した。熊本空港カントリークラブで行われ、銀次郎は予選の2日間を79、75で通過したものの、3日目を77、最終日を79とスコアを崩し、通算310打で29位タイの成績を残した。優勝は伊藤嘉浩だった。

翌年の1987年（昭和62年）の日本アマは浜松シーサイドゴルフクラブで開催された。銀次郎にとって生涯最後の日本アマとなるわけだが、大会前の様子に引退を臭わせる様子はなかった。例年通り、日本アマの7回目の優勝を手に入れるために、準備は怠っていなかった。

調子は悪くなかった。それはテークバックの際、ボールを長く見るようにしたことがもたらしていた。

「今年の暮れには45歳になるでしょう。すっかり体が硬くなってきて、それが原因で以前のようにシャープに振れない。でも、生来のリズムはなかなか変えられないし、シャープに振りたいという気持ちがあるから、体と心が上手く一致しない。それで当たりが悪くなってしまっていたわけです。ならば、シャープに振るのを辞めようと思ったのです。それにはボールを長く見ることです。テークバックでボールを長く見るようにしたのです」

元来、銀次郎のスイングはサッとクラブを引いて鋭く振り抜く速いテンポが持ち味だった。シャープに振って低く強い弾道のボールを打つ。それが銀次郎だった。ところが加齢とともにそうしたスイングに無理が生じ、ゆっくり振るようにしたわけである。

「以前はテークバックでクラブがボールから離れた瞬間にはもうボールは見ていませんでした。今は、クラブが右腰を通過するくらいまでは見ている。そうしたら、上体がよく捻れてパワーが出るようになりました」

ボールを見る、見ないといっても、その言葉通りの意味ではない。「見る」とはあくまで本人の感覚で、「凝視する」という意味合いではない。銀次郎はアドレスでの姿勢にこだわってから、ボールを凝視することはしなくなった。なぜなら、ボールを見ようと意識すると、頭が前に垂れやすいからである。あくまで背骨から後頭部までは一直線。凝視しなければ、あごは引かずにやや上げておくことになる。

「神様が天空から髪の毛を1本、つかんで引っ張り上げてくださっている」

銀次郎はこう表現していたが、そうしたイメージを持って頭が下がらないようにしていたのだ。そうすると、ボールを自然と睥睨できるわけで、視覚的にはボーッ映り、見るようで見ていない、ぼんやり眺めるという状態になる。

「ぼんやり眺めてはいるのですが、テークバックを始めてクラブが右腰を通過するくらいまでは、きちんと見るようにしたわけです。そうしたら、当たりが戻ってきたのです」

銀次郎は若い頃、中村寅吉のスイングリズムを参考にして、自分のスイングリズムを作り上げたのだが、その中村は「ボールをちゃんと見られるようなトップになっていればやり損なうことは少ない」と言っていた。銀次郎は45歳を前にして中村の言葉を少しだけ見直したことだろう。実はこのずっと後に、銀次郎はトップまでボールを見るようにしてさらに上手く打てるようになっているのだ。

要諦85
「シニアになり、体が硬くなってきたら、バックスイングでボールを長く見る」

最後の日本アマ

ボールを長く見るようにした銀次郎の25回目の日本アマが始まった。

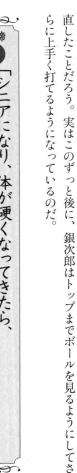

浜松シーサイドゴルフクラブに姿を見せた銀次郎はいつものように白のポロシャツと紺のスラックスという爽やかな出で立ちだった。もちろんスラックスにはいつものように折り目の線がきちんと入れられている。小型のアイロンを持参して銀次郎自身が折り目をしっかりとつけるのだ。なぜなら、その折り目の線が飛球線と直角になるように立って、正しいスクエアアドレスを作るからである。

そんな「常に同じ」の銀次郎の日本アマ初日は72と久々の好スタートであった。深いラフと難しいピンポジションとなる日本アマはパープレーであれば優勝のチャンスがかなりあると、銀次郎は「オールドマンパー」のプレーに徹することが多い。それからすれば初日の72は満足のいく結果だ。しかも首位の川岸良兼、鈴木亨から僅か2打差である。

2日目はインの10番からのスタートだった。初日がよかったからか、スタート前になって急に銀次郎は「救心」という薬が必要になった。心臓が高鳴って静まらないというのだ。若い頃からスタートのティショットほど緊張するものはないという銀次郎は、歳を経ても膝が震える。この日も同様で、ようやく友人から小粒の丸薬を手に入れて飲むと、少しだけ落ち着いたのである。

その「救心」が効いたのか、ティショットは素晴らしい当たりで、しかも2打目でピン5mにつけるバーディチャンス。ところが薬の効き目は微妙なパットにまでは及ばないのか、1mオーバーして返しも外して3パット。12番も短いパットを外してボギーである。周囲は「あれあれ」と動揺するが、銀次郎の表情はいつものようにまったく変わらない。14番では6mが入ってバーディを奪ったが、このときも嬉しがることはなく、表情は同じだった。

「ゴルフには平均の法則が作用する」

中部語録の重要なフレーズだが、短いのを外すこともあれば長いのが入ることもある。ゴルフでは良いこともあれば悪いこともあり、長い目で見れば総じてそれは平均して起きるということである。

この日の銀次郎はそれ以後はパープレー、17番パー5に来たときには1オーバーだった。ティショットはフェアウェイセンターのやや左目。これまでのパー5では2打目はすべてアイアンを使っていた。ところがこの最後のパー5ではウッドを手にしたのだ。グリーンに乗せてバーディを奪い、イーブンパーに戻したかった。

結果は裏目に出た。銀次郎にもわかっていたが、ライは左足下がりの前足上がり。ウッドで乗せるには少々難しいライだった。それでフックしてグリーンを外し、ラフからの寄せは3mの下りのパットを残すことになり、これを1m半オーバーしてボギーとしてしまったのだ。

「2オンすればという、結果を先取りしたから失敗してしまったんです」

銀次郎はそう言ったが、自分から無理をしなければ、ゴルフの「平均の法則」によって、バーディは向こうからやってきてくれたかもしれない。

とにかく、17番の失敗で2日目は2オーバーの74。通算146打は7位タイだった。首位は18回目の日本アマ出場となる阪田哲男と日大3年の川岸良兼で142打だった。

要諦 86

「結果を先取りしてはいけない。目の前のプレーにベストな選択をすることだ」

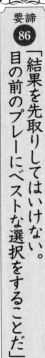

潔い矜持ある引退

最後となる日本アマ。銀次郎は3日目も淡々と自分のゴルフを全うし、1バーディ、2ボギーの73。通算219打で、前日と同じ阪田と川岸の首位に遅れること6打である。この前年のマスターズで46歳のジャック・ニクラウスが最終日に6打差をひっくり返して優勝している。奇跡の逆転優勝と言われたが、ニクラウスにできるのであれば銀次郎にもできるはずだと、周囲の期待は高まっていた。

果たして4日目、銀次郎の武器である「的確さ」をコースに吹きつける太平洋の風が狂わせてしまった。2番でピンまでの140ヤードをフォローの風が吹いていたため、9番アイアンでぴったりと計算したのだが、これが何とダイレクトでグリーンオーバーしてしまった。

まだまだパワーがある、アドレナリンが出たのかと思い込んだ銀次郎は4番の174ヤードのパー3をここでもフォローの風が吹いていたため、6番アイアンで十分に届くと計算した。ところが今度はグリーンに届きもしない。これによってその後の距離感がすっかり狂ってしまった。集中力が途切れ、忍耐力もなくなってしまったのだ。

結果、アウト41、イン37の78で通算297打。奇跡の逆転優勝はならず、13位タイに終わってしまった。阪田哲男はまたしても悲願の優勝カップを抱くことができず、下から追い上げた鈴木亨が最終日に71で回り、逆転優勝を成し遂げたのである。

しかし、優勝はできなかったけれど、銀次郎の13位タイは翌年の出場権も獲得できている立派な成績である。それなのに、銀次郎はこの大会が終わった時点で競技人生に幕を下ろしてしまった。1960年（昭和35年）の初参加以来、銀次郎25回目の日本アマという節目の大会だったからかもしれない。

しかし3年前の日本アマ初めての予選落ちのときに引退せず、優勝争いまでしたこの1987年（昭和62年）に現役を退くことにしたのは銀次郎の矜持であったのだろう。そして、もはやこれ以上、優勝の望みがあり得ないことは銀次郎本人が一番知っていたのだろう。ならば自分の席を若い選手に譲ろうと考えたに違いない。余りに潔い決断だった。

しかし、あの凛とした銀次郎のプレーがこの先見ることができなくなるのは、余りに寂しいことであった。最初にして最後のアマチュアらしいアマチュアと言われた銀次郎のプレー姿が、とうとう消えてしまったのである。

要諦 87

「引き際はその人にしかわからない。精一杯の最後の一滴を絞り出したとき」

仕事に役立つ銀次郎の言葉

銀次郎には長男の隆と長女のまりこという2人の子供がいる。常に第1線で活躍しなければならなかった銀次郎はゴルフの厳しさが嫌と言うほど染みついていて、それを子供にも味わわせたくないと、ゴルフを教えることはなかった。銀次郎の子供と注目され、要らぬ重圧が子供にかかることも避けたに違いない。

しかし、隆は玉川学園大学に進学すると、自らゴルフ部に入った。同好会的な気質のクラブで厳しくないことが入部の理由だったが、隆はゴルフの楽しさに触れ、みるみる実力を上げていく。卒業する頃にはハンデ3となり、プロゴルファーも夢見るほどだった。

隆は言う。

「しかし、父からは実力的にも精神的にもお前にはプロは無理だと反対されました。父と初めてゴルフをしたときも、ロングホールで2オンを果たしたときに『お前、バカだな』と言われて。こちらは父よりも遥かに飛びますし、2つで乗って誉められるのかと思ったわけです。そうしたら父は『もう一度打ってみろ』と。再び打つと、力んだのか今度は池です。『ほうら見ろ、だから馬鹿だと言ったのだ』と。父からすれば、実力以上のゴルフをしていたことがわかっていたのでしょう。それなのに、自分は自分の実力さえよくわかっていなかった。ゴルフは自分ができることを確実にやること。後になってよくわかったことですね』

隆は大学を卒業後、富士ゼロックスの営業マンとなり新人賞を獲得、その後、2001年に母・克子の実家を継いで尾道造船に入社し、2009年に社長に就任している。社長業務に邁進し、業績を活況にしている。ゴルフは廣野ゴルフ倶楽部のハンデ1を維持し、日本アマや日本ミッドアマなどに挑戦している。

そんな隆は言う。

「父のゴルフの教えは、仕事にこそ役立っています」

どんなことなのだろうか。

「たとえば、『次善を求めて最善を尽くす』というのがありますよね。仕事は準備がとても大切です。それもただ準備するだけでなく、次にしなければならないことを考えて準備しなければ効率が悪いですよね。それも目標を明確に持っていなければならず、そのための準備をするようにしています。また『最悪を覚悟して最善を尽くす』ということでは、仕事は頑張らなくてはならないけれど、だからといっていつも結果がよいとは限らない。それを覚悟してベストを尽くすようにしています。さらには『ゴルフは平均の法則が働く』。これも、ビジネスにはいいことがあれば悪いこともあるということ。不景気だからと言って嘆いているよりも、我慢していれば、やがて景気は上向いてくる。そう思っていると本当にそうなります。運は平等だと思って仕事をしています」

そう言われると、銀次郎の教えは確かにビジネスに通ずる。隆社長の評判がすこぶるよいのは本当に父のゴルフの教えをビジネスでも実践しているからに違いない。仕事をしている我々も肝に銘ずるべきであろう。

さらに隆が言う。

「私が好きな父のゴルフの教えは『ゴルフで起こったことは鋭敏に反応してはいけない。柔らかくやり過ごすことである』です。仕事では予想だにしなかった突発的なことが起こります。そのときにショックを受けて動揺するわけですが、一度そのことを胸に納めて、冷静になってから判断することがとても大切です。特に怒りや悲しみを感じることは、柔らかくやり過ごすことですね。そうすれば、信頼関係が築けて、いい仕事ができますね」

銀次郎が亡くなってから、時はかなり経ったが、依然として、「ゴルファーの心を離さないのは、銀次郎の教えが単にゴルフのことだけでなく、仕事や人生にまで及んでいるからに違いない。息子・隆のように。

要諦88

「起こったことに鋭敏に反応してはいけない。柔らかくやりすごすことだ」

悠々として急げ

銀次郎の現役生活晩年での晴れ舞台の一つに、1979年（昭和54年）、湯原信光とペアを組んで出場した国際アマゴルフ選手権がある。ベネズエラのバレアリバゴルフクラブで開催されたのだが、銀次郎はペアでの団体優勝と個人優勝を成し遂げたのである。

さらには1984年（昭和59年）の世界アマチュア選手権。ロイヤルホンコンゴルフクラブで開催され、ノンプレーイングキャプテンとして銀次郎は日本チームを史上初めて団体優勝に導いた。このとき阪田哲男は日本人として初めてとなる個人優勝を成し遂げている。日本アマを一度も獲っていない阪田が世界アマを獲ってしまった快挙だった。これもまた銀次郎にとって思い出深い出来事だった。

銀次郎はロイヤルホンコンゴルフクラブの標語にもなっている言葉を気に入り、座右の銘にもしていた。それは次の言葉だった。

「festina lente、悠々として急げ」

これはまさに銀次郎のゴルフスタイルであり、人生のスタイルであった。

胸を張って、キビキビと歩く銀次郎。颯爽として実に格好がよかった。それは、悠々とした急ぎ足でもあった。

銀次郎は1987年（昭和62年）の日本アマを終えて競技生活から離れるが、常々次のように言っていた。

「アマチュアには現役引退なんてないよ。ゴルフをしている間は現役だよ」

銀次郎は「もう試合には出ないのですか？」と聞かれる度にそう答えていた。

本当は「生涯現役」を貫き通したかったに違いない。それは銀次郎の希望でもあり、夢でもあったろう。だからといって、日本シニアアマや日本シニアオープンなどのシニアの大会に出ようという気はなかった。日本アマこそが銀次郎にとってのゴルフ競技だったのである。

その日本アマに出なくなってから、銀次郎は市井の人たちとゴルフを楽しんだ。学生時代の友人たちやゴルフジャーナリスト、または仕事関係の人たちとも気さくなプレーを楽しんだ。現役時代のような押し黙ったままのプレーではなかった。冗談を言い合っては笑い、ナイスショットのときは嬉しがった。

しかし、プレーをする後ろ姿には少しの寂しさが漂っていた。

夜は新橋の小料理屋、「独楽」（2018年末閉店）で美味しい肴をつまみながら、好きな日本酒を飲んでいた。店に来る下手くそなゴルファーの話に付き合い、壁に頭をつける「壁スイング」やらせたりもした。旧知のゴルフライターである杉山通敬さん（2008年逝去）の取材を受けることも多かった。偉ぶらず、粋がらず、自分の実績を鼻にかけない、常に控えめな、それでいてやさしい存在感のある銀次郎がカウンターに座っていた。

そして酒を飲むときにもまた、少しだけ寂しそうな銀次郎がいた。

要諦 89
「アマチュアに現役引退はない。プレーしている間は現役」

59歳、あるがままの死

1967年（昭和42年）、西日本オープンでプロを破って優勝し、ストロークプレーとなった日本アマでは2位の森道応に9打差をつけて圧勝した年。銀次郎本人がもの凄く強くなったと自ら思えた年。

もしもその年の日本オープンで優勝した橘田規らと優勝争いをしていたら、プロになっていたのではなかろうか。アマチュアもプロも関係のない、真の日本一を決める日本オープンで大活躍を果たしていたら。しかし、実際にはそうはならず、銀次郎はプロになる機会を逃してしまった。

「体が弱かったからプロにならなかった。結局は実力がなかったんだ」

現役から退いた銀次郎は、プロにならなかった理由を聞かれる度にそう答えていた。

それはある意味本当だったのだろうが、プロになって生活のすべてをゴルフにつぎ込むことによって、さらに実力を上げて日本オープンに優勝するという夢を実現したかったたに違いない。

その絶好のチャンスを逸した銀次郎は、父・利三郎の死によって、ゴルファーの絶頂期となる30歳前後の大切な3年間を空白にしてしまう。そのことによって、プロになることは決定的に消滅してしまうのである。

しかし振り返ってみればそれでよかったのかもしれない。前人未踏の日本アマ6勝は、銀次郎が生涯アマチュアでプレーしたことによってもたらされたのだから。後悔はなかったはずである。

そして、そのアマチュアの実績によって、日本のボビー・ジョーンズと呼ばれるようになった。ジョーンズのようにプロを破って全米や全英オープンに優勝したように、日本オープンには優勝できなかったが、銀次郎がゴルフを追求し、それによって悟ったことの教えはジョーンズを凌ぐほどのものがある。

「球聖」と呼ばれるゴルファーは、世界広しといえど、ジョーンズと銀次郎の2人だけだ。それは生涯アマチュアとして、清く潔いゴルフを全うしたからである。そこに大きな魅力と価値が存在しているのだ。

銀次郎は競技生活から離れて12年目となる1999年（平成11年3月3日）、食道癌が発見され、5月に順天堂大病院で10時間にも及ぶ除去手術を受けた。その前年の暮れに「胸がざわざわする」と言っていたが、それが癌の予兆であったのかもしれない。6月10日に退院するが、入院中にシャフトの短いクラブを手に入れ、素振りを行っていたという。

退院してからもこれまで通り、夜は今は亡き新橋の「独楽」に通っていた。カウンターの隅の定席に座り、箸をカウンターのラインに平行に揃え、その箸に向かって真正面に体を向けていた。酒の席でもスクエアアドレスは崩さなかった。周囲に癌であることを告白し、ゴルフはできないが、酒は飲めるし、煙草は吸えると、実際、手術をする前と何ら変わらない過ごし方をしていた。

しかし、その間にも新たな癌が肺に見つかったり、気胸を患ったりして、3年足らずの間に7回もの入退院を繰り返した。退院しては、新橋の「独楽」に顔を出すのだった。

店の主人、飯島昌雄が言う。

「銀次郎さん、煙草だけは辞めなさいよ」

するとと銀次郎が答える。

「ゴルフも人生も、あるがままですよ」

銀次郎が小学4年のときに父の利三郎に連れられて始めたゴルフ。最初に教えてもらったことは「あるがままにプレーせよ」というゴルフの大原則だった。そのゴルフプリンシプル通りのゴルフを行い、人生も全うした。

2001年（平成13年）12月14日午後4時過ぎ、中部銀次郎は、あるがままに人生を受け入れ、59歳の短くも濃い人生の幕を下ろしたのである。

要諦 90
「ゴルフも人生もあるがままがよろしい」

あとがき

中部銀次郎さんが天国に召されたのは2001年12月14日の夕方でした。かれこれ18年も経ってしまっていることに今更ながら驚きを感じます。日本一のゴルファーを目指して純粋にゴルフと向い合い、切磋琢磨して学び得た中部さんのゴルフ哲学は今も尚光り輝いています。

多くのアマチュアゴルファーが今も中部さんが遺したその教えを信条にしてプレーを行い、ゴルフの奥深さを味わうとともに、その面白さに浸ることができているのです。他のどんなゴルファーも成し得ていない素晴らしく貴重な出来事だと思います。

それは、中部さんが生きているときから本人の言葉を集めた、ゴルフライターの杉山通敬さんの業績によるところがとても大きいのです。その杉山さんも2008年に天国に旅立たれ、後に残された私たちがその意志を受け継いで中部さんのゴルフ哲学を今のゴルファーに伝えていかなければならないと思っています。

本書『中部銀次郎　ゴルフの要諦』は、中部さんの子供の頃から学生時代、社会人になって、さらに現役を退いてから亡くなるまでの一生を辿ることによって、新たな中部哲学を掘り起こすことができたと思っています。この本によって、さらに中部ファンが増えること、ゴルフを愛してやまない人が増えることを祈っています。

本書を製作するにあたり、中部銀次郎さんの奥様である中部克子さん、ご子息の中部隆さん、さらに甲南大学時代のゴルフ部の方々に多大なるご支援をいただきました。ありがとうございました。また、日本経済新聞出版社の出版ユニット長の白石賢さん、底本を製作したときの書籍局局長であったマガジンハウスの村尾雅彦さんに心から感謝いたします。

中部さんの貴い教えが永遠にゴルファーの福音書となりますように。

２０１９年６月

本條　強

参考文献

『中部銀次郎のゴルフプリンシプル』（本條強著／マガジンハウス）
『書斎のゴルフ　特別編集』「中部銀次郎　悟りのゴルフ」（日本経済新聞出版社）
『中部銀次郎　ゴルフ珠玉の言霊』（本條強著・日経ビジネス人文庫）
『中部銀次郎　ゴルフの真髄　新編もっと深く、もっと楽しく』（中部銀次郎著／日経ビジネス人文庫）
『中部銀次郎　ゴルフの心』（杉山通敬著・日経ビジネス人文庫）
『中部銀次郎　ゴルフの極意』（杉山通敬著・日経ビジネス人文庫）
『中部銀次郎　ゴルフの流儀』（杉山通敬著・日経ビジネス人文庫）
『悠々として急げ』（中部銀次郎著／ちくま文庫）
『わかったと思うな　中部銀次郎ラストメッセージ』（中部銀次郎／ゴルフダイジェスト社）
『ゴルフの大事　中部銀次郎×三好徹』（ゴルフダイジェスト社）
『新・書斎のゴルフ』「中部銀次郎　珠玉の教え」（ダイヤプレス）
『中部銀次郎　ライフインパクト』（三田村昌鳳／週刊アサヒゴルフ）

構成／本條強
編集／『書斎のゴルフ』編集部
本文デザイン／ヤマダジムショ

本書『中部銀次郎　ゴルフの要諦』は
『中部銀次郎のゴルフプリンシプル』（本條強著／2010年マガジンハウス刊）を底本とし、
新たに要諦集として大幅加筆・修正してまとめたものです。

日経ビジネス人文庫

中部《なかべ》銀次郎《ぎんじろう》 ゴルフの要諦《ようてい》

2019年6月3日 第1刷発行

著者
本條 強
ほんじょう・つよし

発行者
金子 豊

発行所
日本経済新聞出版社
東京都千代田区大手町1-3-7 〒100-8066
電話(03)3270-0251(代) https://www.nikkeibook.com/

ブックデザイン
ヤマダジムショ

本文DTP
ヤマダジムショ

印刷・製本
凸版印刷

Printed in Japan ISBN978-4-532-19900-5

nbb 好評既刊

東大柳川ゼミで経済と人生を学ぶ

柳川範之

転職を考える時に有効な戦略とは？　買い物で迷ったらどう考えるべき？　東大名物教授がやさしく教える、人生を豊かにする経済学的思考。

リーダーの英断

山内昌之＝監修
造事務所＝編著

歴史上の偉人100人が人生の岐路で下した「すぐれた決断（＝英断）」を紹介しながら、リーダーに求められる7つのスキルを解説します。

普通のサラリーマンが2年でシングルになる方法〈新版〉

山口信吾

普通の会社員が「真の練習」に目覚めたら、定年前の2年間でハンディ8に。急上達の秘訣と練習法を公開したベストセラーを加筆し新版化。

達人シングルが語るゴルフ上達の奥義

山口信吾

11人がクラブチャンピオン、7人がエージシューター——。普通のサラリーマンが片手シングルになった秘訣とは何か？　その上達法に迫る。

残念な会議の救出法

山崎将志

残念な会社は無駄に会議が長い？　残念な現状を脱出するための、資料の作成法、ゴールの設定法など、実用的なスキルを紹介します。

nbb 好評既刊

シングルへの道 倉本昌弘のゴルフ上達問答集

倉本昌弘

自分の得意と不得意を知るだけで誰でもシングルになれる！　ゴルフ博士・倉本プロが対談スタイルでやさしくレッスン。

10打縮まる！ 倉本昌弘のゴルフ上達問答集

倉本昌弘

飛ばしの極意からコースマネジメント、パッティング練習法まで。おなじみゴルフ博士と各界の著名人が、スコアを10打縮める秘訣に迫る！

90を切る人は、打つ前にほんの少し考える

倉本昌弘

コースに出たら、スイングのことは忘れる。OBには絶対にならない場所を狙う――。ナイスショットなしでも90を切れる思考術をプロが直伝！

100切り速効レッスン ゴルフ真実の上達法

桑田 泉

上達への近道は逆転の発想。「ボールを見るな！ダフれ！　手打ちしろ！」桑田泉が100切りのための最速理論をレッスン！

FBIアカデミーで教える心理交渉術

ハーブ・コーエン
川勝 久＝訳

会話の主導権を握り、譲歩を引き出す。犯罪捜査から社内外交渉、日常の買い物まで、様々な場面で使える必勝術を交渉のプロが伝授。

nbb 好評既刊

老舗復活「跡取り娘」のブランド再生物語

白河桃子

ホッピー、品川女子学院、浅野屋、曙――老舗復活の鍵は？　14人の「跡取り娘」に密着、先代との発想の違い、その経営戦略を描き出す。

BCG流 戦略営業

杉田浩章

営業全員が一定レベルの能力を発揮できる組織づくりは、勝ち残る企業の必須要件。BCG日本代表がその改革術やマネジメント法を解説。

〔現代語訳〕孫子

杉之尾宜生＝編著

不朽の戦略書『孫子』を軍事戦略研究家が翻訳した決定版。軍事に関心を持つ読者も満足する訳注と重厚な解説を加えた現代人必読の書。

ホンダジェット誕生物語

杉本貴司

ホンダはなぜ空を目指し、高い壁をどう乗り越えたのか。ホンダジェットを創り上げたエンジニアの苦闘を描いた傑作ノンフィクション！

中部銀次郎 ゴルフの心

杉山通敬

「敗因はすべて自分にあり、勝因はすべて他者にある」「余計なことは言わない、しない、考えない」。中部流「心」のレッスン書。

nbb 好評既刊

名作コピーに学ぶ読ませる文章の書き方
鈴木康之
「メガネは、涙をながせません」（金鳳堂）、「太ければ濃く見える」（資生堂）――。名作コピーを手本に、文章の書き方を指南する。

文章がうまくなるコピーライターの読書術
鈴木康之
40年以上広告界の第一線で活躍する著者が、様々な名著・名コピーを取り上げ、読ませる文章を書くための、上手な読み方を指南。

ゴルファーは開眼、閉眼、また開眼
鈴木康之
コピーライターで、ゴルフ研究家としても知られる著者が、もっと上質なプレーヤーになるために役立つ賢者の名言を紹介。

中学英語で通じるビジネス英会話
デイビッド・セイン
文法や難しい言葉は会話の妨げになるだけ。上級の表現が中学1000単語レベルで簡単に言い換えられる。とっさに使える即戦スキル。

30の戦いからよむ世界史 上・下
関 眞興
歴史を紐解けば、時代の転換期には必ず大きな戦いが起こっている。元世界史講師のやさしい解説で、世界の流れが驚くほど身につく一冊。